René Butler
Erfolg liegt auf der Hand

René Butler

Erfolg liegt auf der Hand
Chirologie und Beruf

Ein Econ-Ratgeber

Econ Verlag
Düsseldorf · Wien

Titel der französischen Originalausgabe:
Les lignes de la main et le choix d'un métier
Original-Verlag: Denoël, Paris
Copyright © 1977 by Denoël, Paris
Übersetzt von Helgard Oestreich

1. Auflage 1981
Copyright © 1981 der deutschen Ausgabe by Econ Verlag GmbH, Düsseldorf und Wien
Alle Rechte der Verbreitung, auch durch Film, Funk und Fernsehen, fotomechanische Wiedergabe, Tonträger jeder Art, auszugsweisen Nachdruck oder Einspeicherung und Rückgewinnung in Datenverarbeitungsanlagen aller Art, sind vorbehalten.
Gesetzt aus der Holsatia der Fa. Hell
Papier: Papierfabrik Schleipen GmbH, Bad Dürkheim
Gesamtherstellung: Bercker, Graphischer Betrieb, Kevelaer
Printed in Germany
ISBN 3 430 11605 8

Inhaltsverzeichnis

Vorwort 7

I. Genauigkeit und Glaubwürdigkeit der Chirologie auf dem Gebiet der beruflichen Orientierung und der Berufseignungsforschung 10

II. Definitionen · Regeln · Hinweise zu den Abbildungen 19

III. Liste der untersuchten Berufe 28

IV. Berufe, die vorwiegend im Freien ausgeübt werden (I): Landwirtschaftliche Berufe 32

V. Berufe, die vorwiegend im Freien ausgeübt werden (II): Reise-, Abenteuer- und Risikoberufe 42

VI. Beratende Berufe (vor allem im juristischen Bereich) 56

VII. Heil- und Pflegeberufe 63

VIII. Literarische und künstlerische Berufe 78

IX. Berufe aus Forschung und Wissenschaft 97

X. Geistliche Berufe 108

XI. Berufe im politischen und administrativen Bereich 118

XII. Pädagogische Berufe 134

XIII. Bühnenberufe	140
XIV. Berufe aus der Welt der Finanzen und Geschäfte	146
XV. Architekt	156
XVI. Manuelle Berufe	160
XVII. Der Beruf der Hausfrau	165
Zusammenfassung	174
Literaturverzeichnis	176
Register	177

Vorwort

In dem vorliegenden Werk wird beschrieben, wie mit Hilfe einer Analyse der Hände, der Handformen, Proportionen, Zeichen und Linien genaue Informationen über die Eignung einer Person (Kind, Jugendlicher oder Erwachsener) für einen bestimmten Beruf erhalten werden können.
Die hier angewandte Untersuchungsmethode ist vereinfacht dargestellt und somit für jeden verständlich, der über ein Minimum an Beobachtungsgabe verfügt und interessiert daran ist, mit Hilfe der Handanalyse und der wissenschaftlichen Handliniendeutung den eigenen Charakter oder den Charakter eines anderen zu erforschen und sein Schicksal vorherzusehen.
Wir wollen hier nicht auf die wissenschaftlichen Rechtfertigungen der modernen Chirologie eingehen, möchten jedoch daran erinnern, daß sich viele berühmte Männer mit chirologischen Untersuchungen beschäftigt haben. So unter anderen:
– *C. G. Jung,* Schüler von Freud und Psychoanalytiker, den Julius Spier dazu anregte, sich im Interesse seines Berufes mit der Analyse der Hände zu befassen.
– *Sir Francis Galton,* ein Vetter von Charles Darwin. Sir Francis begründete das Galton-Laboratorium, das auf daktyloskopische Untersuchungen, das heißt Untersuchungen der inneren Handflächen, spezialisiert ist. Er veranlaßte Scotland Yard zum Gebrauch der Dakty-

loskopie und rief in London eine heute noch bestehende Stiftung ins Leben, die dem Galton-Laboratorium angeschlossen ist.
Speziell mit den Händen von Kindern und Jugendlichen haben sich befaßt:
- Der Amerikaner *William G. Benham,* der im 19. Jahrhundert lebte und angeblich nur Arzt wurde, um diagnostische Regeln aufgrund von Handanalysen aufzustellen und um dann Kinder und Jugendliche mit Hilfe chirologischer Untersuchungen beruflich beraten zu können. Er verglich die Hände seiner jungen Patienten mit den Händen von Persönlichkeiten, die im beruflichen Leben Erfolg hatten. Im Jahre 1900 veröffentlichte er das Werk »Laws of Scientific Palmistry«.
- Der Schweizer *Dr. Hugo Debrünner,* der vor allem bei den Soldaten der Schweizer Armee Untersuchungen an Hand- und Fußlinien vornahm und diese zum Zwecke der Persönlichkeitserforschung mit den Ergebnissen graphologischer, kalligraphischer und physiognomischer Untersuchungen verglich. Die Abdrücke, die Hugo Debrünner angefertigt hat, sind von besonderem Interesse, da sie sämtliche Altersstufen umfassen: angefangen beim pränatalen Stadium, reichen sie über den Säugling bis hin zum Greis.
- Der Franzose *Henri Mangin,* der sich vor allem mit der Nageldiagnostik bzw. dem Verhältnis zwischen Nagelform und Charakter befaßte (siehe sein Werk »Valeur clinique des ongles«). Bestimmte Schlußfolgerungen des vorliegenden Werkes gehen auf ihn zurück.
- Der schon erwähnte *Julius Spier,* der nicht nur C. G. Jung zu chirologischen Studien angeregt, sondern

auch ein bemerkenswertes Buch veröffentlicht hat: »The Hands of Children« (erster Teil einer geplanten Trilogie, die wegen seines frühen Todes unvollendet blieb).

Schließlich dürfen wir auch nicht die »Society for the Study of Physiological Patterns« (S. P. P. P.) vergessen, die 1945 von dem englischen Chirologen *Noël Jaquin* gegründet wurde. Diese wissenschaftliche Gesellschaft hat es sich zur Aufgabe gesetzt, das Verhältnis zwischen Körperform und -aussehen einerseits und Charakter und Krankheit andererseits zu untersuchen.

Die S. P. P. P. ist für uns interessant, da sie über Archive verfügt, die stets auf dem neuesten Stand gehalten werden, und dort für die berufliche Orientierung verwendbare Abdrücke zu finden sind.

I. Genauigkeit und Glaubwürdigkeit der Chirologie auf dem Gebiet der beruflichen Orientierung und der Berufseignungsforschung

Zunächst einmal müssen wir uns die Frage stellen, wie exakt und zuverlässig sich mit Hilfe der Chirologie die berufliche Qualifikation einer Person feststellen läßt.
Um eine möglichst befriedigende Antwort geben zu können, wollen wir auf folgende Punkte näher eingehen:
– Kann die Chirologie in ihrem derzeitigen Entwicklungsstadium genau und detailliert angeben, für welche Berufe sich eine bestimmte Person besonders eignet?
– Wie zuverlässig arbeitet die Chirologie auf dem Gebiet der Berufseignungsforschung?
– Läßt sich aufgrund einer einfachen Handanalyse voraussagen, ob der betreffenden Person in dem empfohlenen Beruf Erfolg beschieden ist?

1. Kann die Chirologie in ihrem derzeitigen Entwicklungsstadium genau und detailliert angeben, für welchen Beruf sich eine bestimmte Person eignet?

Bei der Beantwortung dieser Frage müssen wir sowohl die traditionelle Chirologie wie auch die modernen Methoden der Handliniendeutung berücksichtigen.

Für viele seit langem existierende Berufe (z. B. Seemann, Arzt, Lehrer) hat die traditionelle Chirologie schon früh bestimmte charakteristische Handlinien und -zeichen ermittelt und bietet uns hier mitunter höchst ausführliche Angaben. Merkwürdigerweise jedoch werden einige andere Berufe mit sehr langer Tradition überhaupt nicht erwähnt. Dies läßt sich vielleicht damit erklären, daß die Chirologie seit jeher eine rein pragmatische Wissenschaft ist.

Die moderne Chirologie hat die Resultate der verschiedenen traditionellen Schulrichtungen nach kritischer Überprüfung entweder übernommen oder verworfen und hat die Liste der untersuchten Berufe wesentlich erweitert; und zwar wurden Berufe, die erst nach der industriellen Revolution entstanden sind, mit einbezogen, vor allem aber eigene, neue Forschungsmethoden entwickelt.

Wir bedienen uns besonders einer Methode, die sich durch unbestreitbare wissenschaftliche Genauigkeit auszeichnet. Diese Methode besteht darin, festzustellen, welche Fähigkeiten und Talente für einen bestimmten Beruf oder eine bestimmte Gruppe verwandter Berufe erforderlich sind, und dann zu untersuchen, ob in der Hand Formen, Proportionsverhältnisse und Zeichen zu erkennen sind, die diese Fähigkeiten symbolisieren. Trifft dies zu, so sind die Chancen groß, daß die betreffende Person für die fraglichen Berufe geeignet ist. Ist dies jedoch nicht der Fall, empfiehlt es sich, zunächst chirologische Tests durchzuführen und dann aufgrund der festgestellten Eignungsmerkmale eine entsprechende berufliche Orientierung vorzunehmen.

In ihrem derzeitigen Entwicklungsstadium ist es der Chirologie jedoch noch nicht möglich, Angaben zu allen Berufen zu machen, die beispielsweise auf einer vollständigen Liste der in unserem industriellen und nachindustriellen Zeitalter üblichen Berufe erscheinen würden; doch bleibt kein Beruf völlig unberücksichtigt. Einzelne Berufe, denen keine getrennte Untersuchung gewidmet ist, werden innerhalb einer Gruppe verwandter Berufe analysiert, die ähnliche Fähigkeiten und Talente voraussetzen; oder aber der Chirologe bedient sich im Extremfall der Assimilationsmethode.

Wenn zum Beispiel im Laufe der Untersuchung deutlich wird, daß eine Person eher für eine manuelle Tätigkeit, weniger für einen geistigen Beruf geschaffen ist, und alle nicht geeigneten handwerklichen Berufe ausgeschlossen sind, so ist es sinnvoll, die Frage zu stellen, zu welchem der noch verbleibenden Berufe der Betreffende Neigung verspürt und dann die entsprechenden Berufseignungstests durchzuführen. Vor allem im Bereich der heutzutage höchst differenzierten manuellen Berufe und Dienstleistungsberufe muß häufig so vorgegangen werden. Die Chirologie ist zwar in diesem Fall nicht in der Lage, die Eignung für einen ganz bestimmten Beruf festzustellen, doch ist es möglich, durch Ausschaltung aller ungeeigneten Berufe die noch verbleibenden Möglichkeiten und Alternativen auf ein Mindestmaß zu reduzieren.

Mit anderen Worten: Je nachdem, um welche Berufe es sich handelt, kann der Chirologe einen bestimmten Beruf oder eine bestimmte Berufsgruppe empfehlen bzw. davon abraten. Er kann hinreichend präzise Angaben machen, die eine definitive Berufswahl im Rahmen empfehlenswerter Berufe erleichtern.

2. Wie zuverlässig arbeitet die Chirologie auf dem Gebiet der Berufseignungsforschung?

Nachdem wir also zunächst abgegrenzt haben, welche Möglichkeiten der beruflichen Orientierung die Chirologie bietet, stellt sich uns die Frage nach ihrer Glaubwürdigkeit in diesem genau definierten Anwendungsbereich.

Anders ausgedrückt: Wie sehr kann man sich auf die beruflichen Empfehlungen des Chirologen verlassen, der aufgrund einer Handanalyse die Qualifikation einer Person innerhalb eines bestimmten Berufsfeldes feststellt oder zu einem bestimmten, klar umrissenen Beruf rät oder aber von einer bestimmten Gruppe von Berufen abrät?

Wir erinnern noch einmal kurz daran, daß die chirologische Wissenschaft im Laufe vieler Jahrtausende eine Vielzahl übereinstimmender Beobachtungen erarbeitet hat und diese seit nunmehr fast zweihundert Jahren mit Hilfe moderner Forschungs- und Eliminationsmethoden einer kritischen Kontrolle unterzieht. Außerdem wird die Chirologie auch durch die Psychosomatik und die Rolle, die das Nervensystem beim Entstehen, der Veränderung und dem Verschwinden der Handlinien und Handzeichen spielt, gerechtfertigt und bestätigt. (Genauere Einzelheiten hierzu finden Sie in R. Butler: »Les lignes de la main en s'amusant«, Denoël, Paris 1973; vgl. auch Literaturverzeichnis im Anhang.)

Jedoch alles ist relativ. Die Chirologie ist und bleibt eine Humanwissenschaft und kann also keine absoluten Gewißheiten und untrüglichen Wahrheiten liefern, wie im übrigen auch keine der anderen Humanwissenschaften

(Medizin, Psychologie, Volkswirtschaft und so weiter), die stets hochgeachtet wurden. Es kann also durchaus vorkommen, daß jemand in seinem Beruf äußerst erfolgreich ist, ohne irgendeines der Handzeichen vorweisen zu können, die den Chirologen dazu veranlaßt hätten, ihm die Ergreifung dieses Berufes nahezulegen.
Dies mag eine Ausnahme sein, und Ausnahmen gibt es überall. Möglicherweise ist die betreffende Person für einen anderen Beruf noch in weitaus höherem Maße geeignet. Tatsächlich üben manche hochbegabten Menschen nicht selten zu verschiedenen Zeiten ihres Lebens oder auch gleichzeitig ganz unterschiedliche Berufe mit großem Erfolg aus. Doch wir betonen noch einmal, daß dies nicht die Regel ist. Auf dem Gebiet der beruflichen Orientierung ist die Chirologie ein durchaus ernst zu nehmendes Instrument, das die Möglichkeit einer ersten Annäherung bietet bzw. als Bestätigung anderer wissenschaftlicher Tests herangezogen werden kann.
Die Chirologie ist nicht widersprüchlicher als jede andere Humanwissenschaft. Wie läßt sich beispielsweise erklären, daß in der Medizin bestimmte Antibiotika der Mehrzahl der Patienten großen Nutzen bringen, anderen jedoch völlig unzuträglich sind? Und in der Volkswirtschaft erlebt man es nicht selten, daß eine Reihe von Maßnahmen in einem bestimmten Land oder einer Gruppe von Ländern durchaus angebracht und nützlich ist, in anderen sich aber als absolut unwirksam, ja sogar verhängnisvoll erweist. Und dennoch läßt glücklicherweise niemand in dem Bemühen nach, die medizinischen und volkswirtschaftlichen Methoden zu verbes-

sern und weiterzuentwickeln. Das gleiche gilt für die moderne Chirologie.

3. Läßt sich aufgrund einer einfachen Handanalyse voraussagen, ob der betreffenden Person in dem empfohlenen Beruf Erfolg beschieden ist?

Ist es mit Hilfe der Handanalyse möglich, einen bestimmten Beruf oder eine bestimmte Tätigkeit zu empfehlen, und läßt sich voraussagen, ob die betreffende Person in diesem Beruf Erfolg haben wird?
Antwort auf diese Frage gibt uns teilweise die *Chiromantie,* das heißt die Kunst, die Zukunft aus der Hand zu lesen; und wir wissen, daß diese Kunst manchmal höchst wertvolle Dienste leisten kann. Die *chirologische* Methode ihrerseits, die wir vertreten, liefert den Rahmen für Beobachtungen und Untersuchungen und für die Feststellung beruflicher Eignung. Aus Gründen der Verständlichkeit und besseren Anwendbarkeit haben wir diese Methode weitgehend vereinfacht. Eine Darlegung sämtlicher Regeln der Chirologie hätte den Umfang dieses Buches beträchtlich vergrößert, und das lag nicht in unserem Interesse.
Natürlich läßt sich beruflicher Erfolg oder Mißerfolg niemals mit absoluter Sicherheit voraussagen; auch seriösen Handlesern oder Hellsehern – und die gibt es – gelingt dies nur in den allerseltensten Fällen.
Erfolg und Mißerfolg hängen oft von Ereignissen ab, die mit der Person selbst in keinem direkten Zusammenhang stehen und also nicht kontrollierbar sind – von dem, was allgemein Chance, Schicksal, Vorsehung

genannt wird –, aber auch von persönlichen Fähigkeiten und Eigenschaften, die für den gewählten Beruf unbedingt erforderlich oder meist sehr nützlich sind: z. B. Intelligenz, Arbeitseifer, Scharfsinn, Intuition, diplomatisches Geschick, Opferbereitschaft, Handfertigkeit usw. Die in diesem Buch beschriebene Methode setzt meistens voraus, daß die Person, die einen der hier analysierten Berufe ergreifen möchte, eine oder mehrere dieser Fähigkeiten besitzt, und weist darauf hin, welche Handzeichen diese Fähigkeiten symbolisieren und folglich vorhanden sein müssen, wenn dieser Beruf den gewünschten Erfolg bringen soll.
In einigen Fällen nennen wir nur jene Zeichen, die die Eignung für einen bestimmten Beruf anzeigen, und überlassen dem Leser das Aufspüren weiterer erfolgversprechender Merkmale, die jedoch nicht berufsspezifisch sind. Steht erst einmal fest, welcher Beruf der betreffenden Person zu empfehlen ist, kann immer noch eine genaue charakterologische Untersuchung auf der Basis der traditionellen chirologischen Methoden durchgeführt werden, die wir in »Les lignes de la main en s'amusant« (vgl. Seite 13) genau beschrieben haben. Oder aber man modifiziert bzw. ergänzt jene Resultate, die aufgrund graphologischer oder psychologischer Tests erzielt wurden.

Abschließend können wir folgendes sagen:
1. Im derzeitigen Entwicklungsstadium läßt sich mit Hilfe der Chirologie feststellen, ob jemand für einen bestimmten, genau definierten Beruf bzw. eine bestimmte Berufsgruppe geeignet ist oder nicht und welche Fähigkeiten und Eigenschaften dafür erforderlich sind.

2. Die chirologischen Beobachtungen und die daraus resultierenden beruflichen Empfehlungen sind so zuverlässig und glaubwürdig, daß sie als Grundlage einer ersten Annäherung gelten können, bei Kindern, Jugendlichen und auch Erwachsenen die berufliche Eignung für einen bestimmten Beruf oder eine bestimmte Tätigkeit zu erforschen. Im weiteren Verlauf der Untersuchung sollten dann graphologische, psychologische und berufsspezifische Tests herangezogen werden.
3. Mit ziemlicher Sicherheit lassen sich Erfolgschancen für einen bestimmten Beruf oder eine bestimmte Tätigkeit voraussagen, wenn alle diesen Erfolg garantierenden Eigenschaften in der Hand symbolisiert sind. Natürlich sind Faktoren, die über Erfolg bzw. Mißerfolg mitentscheiden können und nichts mit der Person selbst zu tun haben (zum Beispiel Ereignisse, die vom eigenen Wollen völlig unabhängig sind) nicht auszuschließen – es sei denn, wir begegneten einem besonders begabten Hellseher oder Chiromanten.

Wichtige Empfehlung

Um den größtmöglichen Nutzen aus der hier beschriebenen Untersuchungsmethode zu ziehen, empfehlen wir, diese Methode zunächst als ein SPIEL zu betrachten, das dann den eigenen Fortschritten entsprechend auch ernsthaft betrieben werden kann. Wenn der Anfänger sich auch hüten sollte, aus seinen Beobachtungen sogleich definitive Schlußfolgerungen zu ziehen, so kann doch jeder mit Hilfe dieses Buches erste Angaben und Erkenntnisse über die berufliche Eignung von Kindern,

Jugendlichen und Erwachsenen erzielen. Wer diese Angaben auf ihre Stichhaltigkeit überprüfen, sie eventuell entkräften oder vervollständigen möchte, kann dann anschließend weitere chirologische Tests (charakterologische oder chiromantische Untersuchungen) oder aber Tests anderer Wissenschaftsbereiche (graphologische, psychologische, berufsspezifische Tests) vornehmen.

II. Definitionen · Regeln
Hinweise zu den Abbildungen

Wir wollen zunächst die wichtigsten chirologischen Zeichen und Definitionen anführen und Hinweise für ihre Nutzanwendung geben.

1. Definitionen

Die fünf Finger heißen: kleiner Finger, Ringfinger, Mittelfinger, Zeigefinger und Daumen. Mit Ausnahme des nur zweigliedrigen Daumens besteht jeder Finger aus drei Fingergliedern, der Mediziner sagt Phalangen. In der Chirologie wie auch im normalen Sprachgebrauch verstehen wir darunter jene Teile des Fingers, die untereinander beziehungsweise mit der Handfläche durch Gelenke verbunden sind. Wir bezeichnen:
- als *Nagelglied* oder Endglied die erste oder oberste Phalanx, die den Nagel trägt;
- als *Mittelglied* die zweite oder mittlere Phalanx, beim Daumen das Endglied;
- als *Wurzelglied* oder Grundglied die dritte oder unterste Phalanx, die Finger und Handfläche miteinander verbindet;
- als *Handfläche* den Bereich zwischen Fingerwurzeln (Distalrand) und Handgelenk; die Grenze zwischen Handfläche und Handgelenk liegt dort, wo das Papil-

largewebe der Handfläche endet. Diese Grenze wird auch Basalrand genannt.

Die *Berge* oder Erhöhungen der Handinnenfläche:
unterhalb der Fingerwurzeln:
- *Jupiterberg* unter dem Zeigefinger;
- *Saturnberg* unter dem Mittelfinger;
- *Sonnenberg* oder Apolloberg unter dem Ringfinger;
- *Merkurberg* unter dem kleinen Finger;

am Handrand:
- *Venusberg* (in der Anatomie Thenar oder Daumenballen genannt);
- *Mondberg* (in der Anatomie Hypothenar oder Kleinfingerballen genannt);
- *kleiner Marsberg* zwischen Jupiterberg und Daumenwurzel (zwischen Herz- und Kopflinie bzw. der gedachten Verlängerung dieser Linien);
- *großer Marsberg* zwischen Merkur- und Mondberg (zwischen Herz- und Kopflinie bzw. der gedachten Verlängerung dieser Linien).

Das *Neptuntal* liegt an der Handwurzel zwischen Mond- und Venusberg.
Marsebene heißt das hohle Feld in der Mitte der Handfläche.
Raszetten oder Armbänder werden die Linien am Handgelenk genannt.

Handlinien (Abb. 2, Seite 23) sind die Quer- und Längsfurchen der Innenhand. Wir nennen hier nicht mehr als die wichtigsten Linien, da wir nur diese genauer untersuchen müssen. Wir unterscheiden:

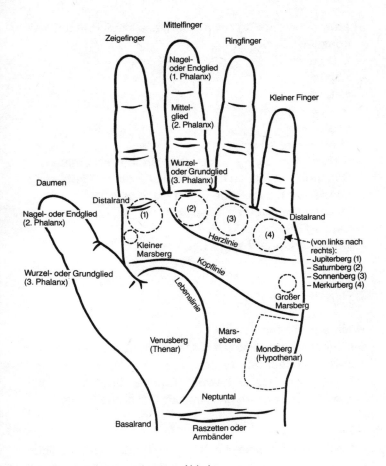

Abb.1

Auf dieser Abbildung sind nur die wichtigsten Handlinien eingezeichnet, die notwendig sind, um die Lage der Handberge, der Marsebene und des Neptuntals angeben zu können.

a) *Hauptlinien,* die in allen oder fast allen Händen vorkommen:
- Lebenslinie,
- Kopflinie,
- Herzlinie,
- Schicksalslinie,
- Ehelinien,
- Merkurlinie.

b) *Nebenlinien,* die nur in einigen Händen vorkommen:
- Sonnenlinie, die ich persönlich gern Phöbuslinie nenne, nach dem Sonnengott Phöbus,
- Milchstraße oder Via Lasciva,
- Venusgürtel,
- Salomonring und so weiter.

2. Regeln

Rechte und linke Hand
Bei jeder chirologischen Untersuchung müssen beide Hände begutachtet werden, denn in der *linken* Hand spiegelt sich das unbewußt Ererbte oder Übernommene, in der *rechten* das bewußt Erfahrene wieder.

Handabdrücke
Mit Hilfe der Handanalyse läßt sich leichter die berufliche Eignung erkennen als ein vollständiges Charakterbild entwerfen.
Die Herstellung von Handabdrücken ist hierzu nicht unbedingt erforderlich, jedoch zu empfehlen. Bei einiger Übung werden Sie mit folgendem Verfahren brauchbare Ergebnisse erzielen:

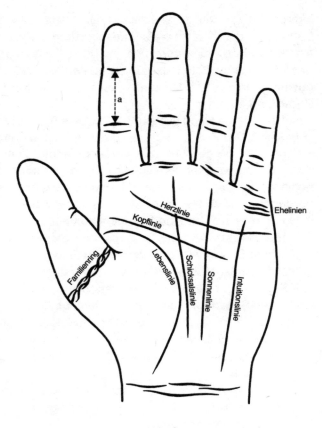

Abb. 2

- Fahren Sie mit der zu analysierenden Hand über die Stirn oder durch die Haare (diese sollten weder zu trocken, noch zu fettig und nicht mit Haarspray besprüht sein), wobei darauf zu achten ist, daß die gesamte Finger- und Handinnenseite mit dem Kopf in Berührung kommen.
- Drücken Sie die Hand auf ein Blatt weißes Papier (vorzugsweise DIN A 4, 21 x 29 cm), das auf einer relativ weichen Unterlage ruht (zusammengefaltete Zeitungen, Tücher, weiches Plastikmaterial), damit auch die hohle Stelle der Innenhand (Marsfeld) »lesbar« wiedergegeben wird. Bei zu großer Festigkeit der Unterlage kommt ein guter Abdruck nicht zustande.
- Fixieren Sie den Abdruck und machen Sie ihn sichtbar, indem Sie ein wenig (knapp einen Fingerhut) Jodkristalle leicht darüberrollen lassen (vorsichtig, damit das Papier nicht verbrennt). Bewegen Sie das Papier nach allen Seiten, bis der Abdruck deutlich hervortritt. Ebenfalls zur Sichtbarmachung geeignet sind gefärbte Eisenfeilspäne oder Eisenstaub; in früherer Zeit benutzte man zum selben Zweck Kupfer- oder Mangandioxid.
- Stellen Sie von jeder Hand mehrere Abdrücke her (mindestens drei), da der erste nur selten gelingt und sich die einzelnen Abdrücke ergänzen.
- Sollen die Abdrücke aufbewahrt werden, empfiehlt es sich, die besten auszuwählen, sie mit Datum, Vor- und Nachnamen der betreffenden Person zu versehen und dann zu fotokopieren.

Das Messen bestimmter Entfernungen
- Die Länge der Handfläche wird zwischen der am

stärksten ausgebildeten Linie an der Mittelfingerwurzel und der ersten Linie des Handgelenks gemessen.
- Die Breite der Handfläche wird an der breitesten Stelle zwischen den Handrändern gemessen (gewöhnlich dort, wo die Lebenslinie beginnt).
- Der Abstand zwischen zwei Fingergliedgelenken, mit dem wir uns im folgenden häufig beschäftigen, wird bei geöffneter Hand zwischen den beiden stärksten Linien dieser Gelenke gemessen; diese Linien sind deutlich erkennbar, wenn man die Finger leicht nach innen biegt (z. B. die Strecke *a* in Abb. 2).

3. Abbildungen

Wichtige Hinweise zum richtigen Umgang mit den Textillustrationen:
Wir haben uns bemüht, den Text durch viele Abbildungen zu veranschaulichen, so daß der Leser mit einem Blick die chirologischen Zeichen, Linien und Proportionen erkennen kann, die einen bestimmten Beruf oder eine bestimmte Berufsgruppe symbolisieren. Oft jedoch – ja fast immer – begegnen wir hier zwei verschiedenen Gruppen von Zeichen:

essentielle Zeichen, die – chirologisch gesprochen – für einen bestimmen Beruf unbedingt erforderlich sind.
Sind alle diese wichtigen Zeichen in der Hand einer Person vorhanden, so ist diese Person offensichtlich für den betreffenden Beruf in hohem Grade geeignet.
Fehlen einige dieser Zeichen, so nimmt die Qualifikation für diesen Beruf ab, ohne daß sich jedoch die Möglich-

keit, in diesem Beruf tätig zu werden, völlig ausschließen läßt. Ist jedoch keines dieser Zeichen vorhanden, muß von dem Beruf abgeraten und nach einem anderen gesucht werden, für den die Person eher geeignet ist. Zur Auswahl eines anderen Berufes stützt man sich natürlich auf die Handanalyse, wobei es sich jedoch empfiehlt, zusätzlich graphologische und psychologische Untersuchungen sowie berufsspezifische Tests durchzuführen.

Sekundäre Zeichen, die für einen bestimmten Beruf nicht unbedingt erforderlich sind, jedoch eine erste Garantie für künftigen Erfolg bieten. Sie geben nämlich Auskunft über die Kunst und Fähigkeit, sich das Unwägbare zunutze zu machen; und dies ist eine Kunst, die in der beruflichen Praxis stets hilfreich ist.
Wir sind uns darüber im klaren, daß diese Einteilung in essentielle und sekundäre Zeichen etwas unnatürlich ist, handelt es sich hier doch um eine Wissenschaft des Menschen; doch bietet sie den Vorteil großer Anschaulichkeit und macht es dem Leser in Anbetracht der Schwierigkeit des Problems relativ leicht, einen bestimmten Beruf zu überprüfen.
Wenn möglich haben wir auf den Abbildungen zu den einzelnen Berufen bzw. Berufsgruppen die essentiellen Zeichen hervorgehoben.

Mahnung zur Vorsicht
Die Abbildungen dienen ausschließlich der Textillustration und sind für sich allein nicht ausreichend. Begnügt man sich daher nur mit den Abbildungen, ohne vorher genau den Text studiert zu haben, so kann dies zu Inter-

pretationsfehlern führen. Die Illustrationen sollen die Aufgabe des Lesers erleichtern, können jedoch keineswegs alle Nuancen einer bestimmten Situation wiedergeben, die sich nur aus dem Text heraus begreifen läßt. Wir raten also dringend dazu, den Text zu lesen und während der Lektüre die Abbildungen zu studieren.

Um nicht stets von neuem auf schon Gesagtes zu verweisen, was verwirrend und mißverständlich sein könnte, haben wir es vorgezogen, Erklärungen gleicher Zeichen, Formen, Linien und Messungen, die bei verschiedenen Berufen auftauchen, oft mehrmals zu wiederholen. Dies bietet außerdem den Vorteil, daß diese Erklärungen im Gedächtnis haften bleiben und der Leser damit vertraut wird. Wir weisen deshalb darauf hin, da sich Sprachpuristen eventuell über diese Wiederholungen wundern könnten.

III. Liste der untersuchten Berufe

Bei der Zusammenstellung der vorliegenden Berufsliste haben wir uns um größtmögliche Vollständigkeit und Genauigkeit bemüht. Doch sind der Chirologie im Bereich der Berufsberatung Grenzen gesetzt, auf die wir schon in Kapitel I hingewiesen haben.
Wir haben also versucht, die traditionellen chirologischen Berufslisten zu verbessern und zu ergänzen und unter Berücksichtigung der in der Chirologie üblichen Einteilungskategorien mit der modernen Berufsklassifizierung in Einklang zu bringen, wobei wir stets auf eine anschauliche und präzise Darstellung bedacht waren.
Das Resultat mag manchmal etwas befremdend erscheinen; doch wird der Leser bei näherer Betrachtung und bei Benutzung des Registers am Ende des Buches feststellen, daß die meisten der heute üblichen Berufe ausdrücklich genannt werden oder sich zumindest einer bestimmten Berufsgruppe zuordnen lassen.
Folgende Berufe oder Berufsgruppen haben wir genauer untersucht:

Berufe, die vorwiegend im Freien ausgeübt werden (I) (Kap. IV)

Landwirtschaftliche Berufe
– Landwirt;

- Obst-, Baumschul-, Gemüsegärtner;
- Gartenbauberater, Landschaftsgärtner, Florist;
- Gartenarchitekt;
- Tierzüchter (Aufzucht von Groß- und Kleintieren).

Berufe, die vorwiegend im Freien ausgeübt werden (II) (Kap. V)

Reise-, Abenteuer- und Risikoberufe
- Vertreter, Reiseleiter usw.;
- Seemann, Flieger;
- Journalist, Reporter;
- Forschungsreisender (Völkerkundler, Geologe usw.);
- Risikoberufe (Rennfahrer, Berufssportler, Stuntman, Akrobat, Artist usw.).

Beratende Berufe (vor allem im juristischen Bereich) (Kap. VI)

- Beratende Berufe im allgemeinen;
- einzelne Berufe:
  Jurist;
  Anwalt.

Heil- und Pflegeberufe (Kap. VII)

- ärztlicher Beruf im allgemeinen;
- Chirurg;
- Homöopath, Heilpraktiker;
- Kinderarzt;
- Krankenschwester, -pfleger;
- Tierarzt.

Literarische und künstlerische Berufe (Kap. VIII)

Im Bereich der Literatur:
- Sachbuchautor;
- Historiker, Archäologe, Genealoge usw.;
- »schöngeistiger« Schriftsteller.

Im künstlerischen Bereich:
- traditionelle künstlerische Berufe:
  Maler, Bildhauer, Kunsthandwerker usw.;
- moderne künstlerische Berufe:
  Modeschöpfer, Designer, Dekorateur, Gebrauchsgraphiker, Visagist usw.

Berufe aus Forschung und Wissenschaft (Kap. IX)

- Naturwissenschaftliche Forschung;
- medizinische und pharmakologische Forschung;
- Ingenieur;
- Detektiv.

Geistliche Berufe (Kap. X)

- Weltgeistlicher: Pfarrer, Missionar, Diakon usw.;
- Ordensgeistlicher;
- Religionslehrer, Laienprediger.

Berufe im politischen und administrativen Bereich (Kap. XI)

- Politiker;
- Büroangestellter und -beamter in Wirtschaft, Industrie und öffentlichem Dienst;

- Polizei und Militär;
- Führungskraft;
- Diplomat.

Pädagogische Berufe (Kap. XII)

- Allgemeine Kriterien für den Lehrerberuf;
- Lehrer im Schuldienst;
- Lehrer im freien Beruf;
- Erzieher, Kindergärtner.

Bühnenberufe (Kap. XIII)

- Schauspieler;
- Komiker, Showmaster, Conférencier;
- Regisseur;
- Musiker;
- Dirigent;
- Gesangssolist.

Berufe aus der Welt der Finanzen und Geschäfte (Kap. XIV)

- Geschäftsleute im allgemeinen: Kaufmann, Händler, Bankier usw.;
- besondere Fälle:
Lebensmittelhändler, Kunst- und Antiquitätenhändler.

Architekt (Kap. XV)

Manuelle Berufe (Kap. XVI)

Hausfrau (Kap. XVII)

IV. Berufe, die vorwiegend im Freien ausgeübt werden (I)

Landwirtschaftliche Berufe

Unter den Berufen, die hauptsächlich im Freien ausgeübt werden und Liebe zur Natur und zum Leben im Freien voraussetzen, hat sich die Chirologie vor allem mit den folgenden befaßt:
- Landwirt;
- Obst-, Baumschul-, Gemüsegärtner;
- Gartenbauberater, Landschaftsgärtner, Florist;
- Gartenarchitekt.

Sie hat ferner zu klären versucht, welche Anlagen und Fähigkeiten eine Person haben muß, um als Züchter von Groß- oder Kleintieren geeignet zu erscheinen.

Für alle genannten Berufe – und ganz allgemein für alle in der freien Natur, auf dem Land oder im Gebirge ausgeübten Berufe – gibt es gemeinsame chirologische Merkmale. Bei einigen allerdings sind abweichende Zeichen erkennbar, so daß hier eine genauere Differenzierung nötig ist.

Chirologische Merkmale bei allen im Freien ausgeübten Berufen

– *Der Venusberg ist erhöht und fest* (Abb. 6 a); er wird

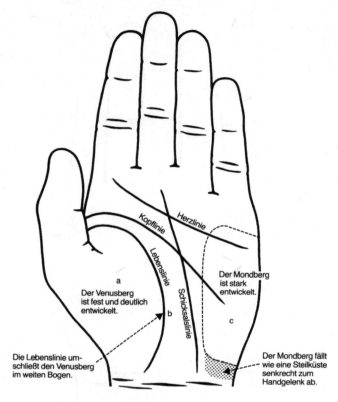

(Hand in Form einer Schale, die Fingerspitzen sind nach innen gebogen)

Abb. 3

Gemeinsame chirologische Merkmale für alle hauptsächlich im Freien ausgeübten Berufe (Liebe zur Natur)

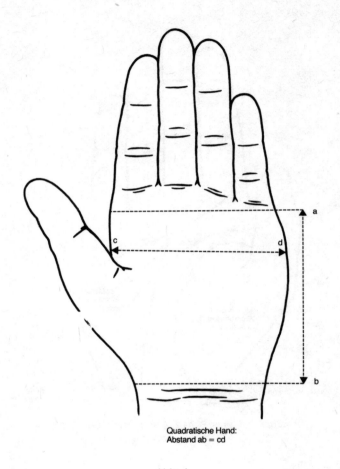

Quadratische Hand:
Abstand ab = cd

Abb. 4

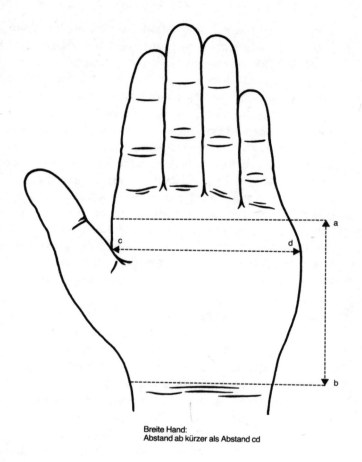

Breite Hand:
Abstand ab kürzer als Abstand cd

Abb. 5

von der Lebenslinie in weitem Bogen umschlossen (Abb. 6b). Menschen mit erhöhtem Venusberg und einer den Daumenballen (»grüner Daumen«) umgrenzenden Lebenslinie verfügen über eine starke Vitalität und verspüren die Notwendigkeit, überschüssige Energien durch körperliche Betätigung loszuwerden.
- *Der Mondberg ist übergroß,* er fällt – wie eine Steilküste – senkrecht zum Handgelenk ab (Abb. 6c). Dies ist ein Zeichen für Naturverbundenheit, der Besitzer dieser Hand versteht und liebt die Natur instinktiv.
- *Die Hand ist annähernd quadratisch geformt* (Abb. 4), das heißt, die Länge der Handfläche entspricht ziemlich genau der Breite. Länge und Breite werden nach der in Kapitel II beschriebenen Methode gemessen. Noch deutlicher wird die Veranlagung sichtbar in *einer breiten Hand* (Abb. 5), bei der die Länge weniger beträgt als die Breite.

Dies ist ein untrügliches Zeichen dafür, daß die Person das Leben in freier Natur liebt und eine angeborene Abneigung gegen jede Tätigkeit in geschlossenen Räumen oder in einem urbanen Ballungszentrum hegt.

Dem Besitzer breiter Hände sollte stets zu einem Beruf *extra muros,* im Freien, geraten werden und keinesfalls zu einem Beruf, der sitzende Lebensweise erfordert.

Alle Menschen, die sich für Berufe im Bereich des Landlebens eignen, haben im allgemeinen breite oder quadratisch geformte Hände mit den oben beschriebenen Zeichen. Dies gilt für Landwirte ganz allgemein, für den *Ackerbauern* genauso wie für den *Winzer,* für den *Holzfäller* ebenso wie für den *Förster,* kurz für alle Berufe, die im Freien ausgeübt werden und eine bewußte oder unbewußte Liebe zur Natur voraussetzen.

Der Englischen Schule (B. Hutchinson) verdanken wir hier weitere wichtige Hinweise; dazu muß der *Mittelfinger* begutachtet werden. Wenn nämlich das Grundglied des Mittelfingers von allen drei Gliedern am stärksten ausgebildet ist, so ist dies eine weitere Bestätigung dafür, daß die betreffende Person eine Vorliebe hat für alles, was mit dem Landleben und mit der Natur zu tun hat.

Wenn außerdem auf dem Rücken dieses Grundglieds zwischen beiden Gelenken noch eine Erhöhung in Form eines spitzen Kammes zu erkennen ist, so ist daraus zu schließen, daß dem Landwirt mehr an Qualität als an Quantität gelegen ist. Er wird zum Beispiel bei der Auswahl seines Viehbestandes und des Saatguts in besonderem Maße auf Qualität bedacht sein.

Wenn die Erhöhung nicht wie ein Kamm, sondern eher wie ein dicker Höcker aussieht, so bedeutet dies, daß der Landwirt mehr Wert auf Quantität als auf Qualität legt. Beim Getreideanbau und bei der Viehzucht wird es ihm nicht so sehr um Qualität, sondern in erster Linie um Mengenproduktion gehen.

Obst-, Baumschul-, Gemüsegärtner (Abb. 6)

Je erhöhter der Mondberg, um so größer ist die Eignung für den Beruf des Obst- und Gemüsegärtners oder des Baumschulgärtners (Abb. 6a). Dieses Zeichen ist äußerst bedeutsam und hat eine lange Tradition; ja in England spiegelt es sich sogar in der Umgangssprache wider: Personen mit erhöhtem Mondberg haben eine »grüne Hand« *(green hand)*.

Die Untersuchung des Mittelfingers kann uns hier wiederum einen zusätzlichen Hinweis geben. Ist das Mittelglied länger als die beiden anderen Fingerglieder, so experimentiert diese Person gern mit jungen Pflanzen, ein Interesse, das für den Beruf des Obst-, Gemüse- und Baumschulgärtners angebracht ist (Abb. 6 b).

Gartenbauberater, Landschaftsgärtner, Florist (Abb. 7)

Glaubt man, der Obst-, Baumschul- oder Gemüsegärtner habe Fähigkeiten, sich beruflich weiterzuentwickeln, er könne vielleicht Gartenbauberater, Landschaftsgärtner oder Florist werden, so ist der Ringfinger und hier besonders das Grundglied zu untersuchen. Ist dies länger als die beiden anderen Fingerglieder (Abb. 7 a) und ist der Saturnberg unter dem Mittelfinger besser und stärker ausgebildet als der Sonnenberg unter dem Ringfinger (Abb. 7 b), sind außerdem alle Merkmale, die eine Eignung zum Obst- und Gemüsegärtner oder zu ähnlichen Berufen anzeigen, in der Hand erkennbar, so hat die betreffende Person alle Anlagen zu einer beruflichen Weiterentwicklung oder Spezialisierung.
Ist der Betreffende außerdem noch intelligent und lernfähig, was leicht aus der Kopflinie zu ersehen ist (diese sollte lang, am Ende gegabelt und zum Mondberg geneigt sein), so kann er beruflich noch weiter emporsteigen und zum Beispiel den Beruf eines Garten- oder Landschaftsarchitekten anstreben.

Tierzüchter

Mit ziemlicher Sicherheit läßt sich aufgrund der Handanalyse feststellen, ob eine Eignung für den Beruf des

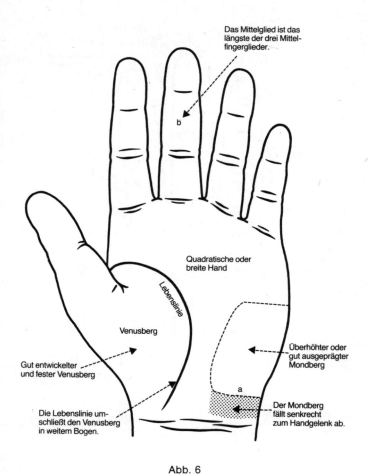

Abb. 6

Obst-, Baumschul-, Gemüsegärtner

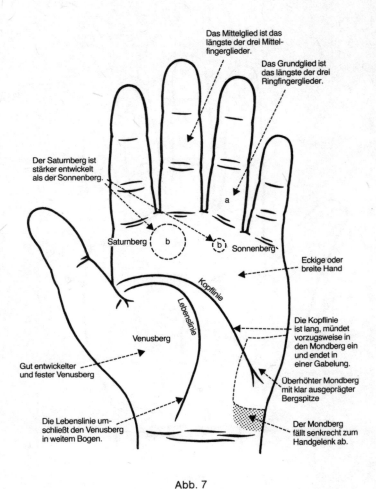

Abb. 7

Gartenbauberater, Landschaftsgärtner, Gartenarchitekt, Florist

Tierzüchters (von Klein- und Großtieren) vorhanden ist.
- *Großtiere:* Ist seitlich am obersten Mittelfingerglied ein ziemlich großes und deutlich gezeichnetes Kreuz erkennbar (Abb. 8), so verrät dies die Liebe zu großen Tieren (zum Beispiel Pferden) und weist darauf hin, daß sich die betreffende Person als Züchter dieser Tiere eignet.

Abb. 8

- *Kleintiere (z. B. Hunde, Katzen):* Beobachtungen der Englischen Schule haben gezeigt, daß eine Reihe kleiner Kreuze auf dem Nagelglied des Mittelfingers (Abb. 9) die Liebe zu kleinen Tieren symbolisiert. Doch ist damit nicht so sehr die Liebe zu einem bestimmten Hund oder einer bestimmten Katze gemeint, die mit im Hause leben. Es geht hier vielmehr um die Liebe zu kleinen Tieren ganz allgemein, eine Liebe, die stark genug ist, um in der betreffenden Person Wunsch und Befähigung entstehen zu lassen, die Züchtung dieser Tiere berufsmäßig zu betreiben.

Abb. 9

Die Untersuchung des zweiten Mittelfingerglieds kann uns hier noch eine zusätzliche Bestätigung geben. Wenn dieses Glied länger ist als die beiden anderen Fingerglieder, so interessiert sich die Person lebhaft für alles, was mit kleinen Tieren zusammenhängt, und ist von Natur aus für die Züchtung dieser Tiere geeignet.

Seltsamerweise findet sich nirgends ein Hinweis dafür, daß sich die Chirologie auch mit dem Beruf des Raubtierdompteurs befaßt hätte. Es wäre interessant, einmal die Hände berühmter Dompteure zu begutachten, um zu sehen, ob bei ihnen ein relativ großes Kreuz auf dem Nagelglied des Mittelfingers vorhanden ist; denn unserer Meinung nach kann nur derjenige ein guter Dompteur sein, der seine Tiere wirklich liebt.

V. Berufe, die vorwiegend im Freien ausgeübt werden (II)

Reise-, Abenteuer- und Risikoberufe

Reise- und Abenteuerberufe werden naturgemäß vor allem im Freien ausgeübt. Wenn dies auch bei den Risikoberufen nicht unbedingt der Fall ist, so sind doch die chirologischen Merkmale, die die Eignung für alle diese Berufe versinnbildlichen, identisch oder ähneln sich sehr. Wir wollen diese daher in ein und demselben Kapitel untersuchen und uns genauer mit folgenden Berufen befassen:
- Reisende, die sich aufgrund ihrer Tätigkeit häufig weit von ihrem Wohnort entfernen müssen (Vertreter, Reiseleiter usw.);
- Seemann, Flieger;
- Journalist, Reporter;
- Forschungsreisender (Völkerkundler, Geologe usw.);
- Risikoberufe (Rennfahrer, Berufssportler, Stuntman, Akrobat, Artist usw.).

I. Chirologische Merkmale bei allen Reise-, Abenteuer- und Risikoberufen

Es müssen nicht unbedingt alle Zeichen, die die Eignung für einen im Freien ausgeübten Beruf anzeigen, vorhan-

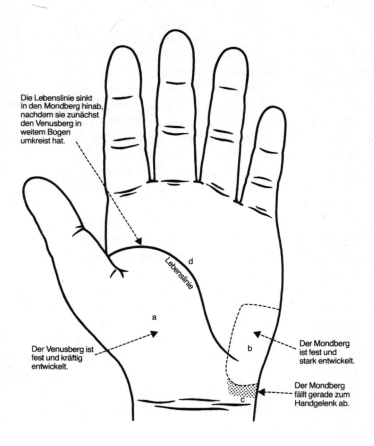

Abb. 10

Reise-, Abenteuer- und Risikoberufe

Vergleiche die Abbildungen:
12: Seemann, Flieger;
13: Journalist, Reporter;
18: Forschungsreisender (Geologe, Völkerkundler usw.);
19: Risikoberufe.

den sein, doch wird der Eignungstest – abgesehen vom Fall des schlichten Handelsreisenden – um so deutlicher ausfallen, je mehr von diesen Zeichen vorhanden sind. Denn offensichtlich setzt die Ausübung der aufgezählten Berufe eine gute physische Konstitution, große Vitalität und die Neigung zum Leben in freier Natur voraus. Symbolischer Ausdruck dafür sind ein gut entwickelter und fester Venusberg und ein fest abgegrenzter, übergroßer und senkrecht zum Handgelenk abfallender Mondberg (Abb. 3 *a, b, c*). Doch das wichtigste Zeichen der Reise-, Abenteuer- und Risikoberufe ist folgendes:
Die Lebenslinie umschließt den Venusberg nicht völlig, sondern wendet sich dem Mondberg zu und mündet in den unteren Bereich dieses Berges ein (Abb. 10 *d*).
Personen mit so verlaufender Lebenslinie sind nicht sehr häuslich, lieben Reisen und Abenteuer über alles, suchen ständig nach neuen Eindrücken und Erlebnissen und sind versessen auf die Begegnung mit anderen Menschen, unbekannten Völkern und Kulturen. Bei Personen, die beruflich viel auf Reisen sind und sich weit von zu Hause entfernen (Handelsvertreter, Reiseleiter usw.) sollte die Lebenslinie unbedingt in den Mondberg einmünden; andernfalls besteht die Gefahr, daß sie sich in ihrem Beruf nie völlig wohl und glücklich fühlen.
Manchmal endet bei Leuten, die allen übrigen Anzeichen nach für Abenteuer und Reisen wie geschaffen sind, die Lebenslinie in einer Gabelung; ein Ast führt am Venusberg abwärts, der andere fällt in den unteren Bereich des Mondbergs hinab (Abb. 11). Daraus läßt sich auf ein gewisses Gleichgewicht zwischen Reise- und Abenteuerlust und dem Sinn für Häuslichkeit schließen. Die betreffenden Personen verspüren von Zeit zu Zeit den

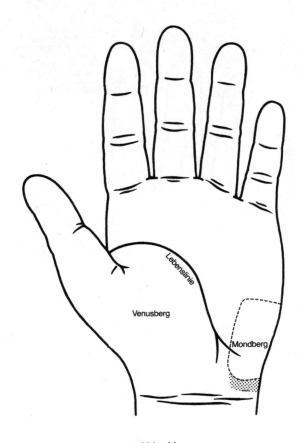

Abb. 11

(Variante zu Abb. 10)

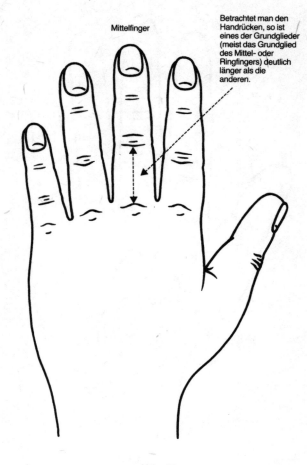

Abb. 12

Abb. 12 ergänzt Abb. 10 (und 11); diese sollten daher zuerst betrachtet werden.

heftigen Wunsch, in die Ferne zu ziehen und den Horizont zu wechseln, doch ist dieses Verlangen erst einmal gestillt, so zieht es sie mit Macht in die Heimat zurück. Niemals können sie lange in der Fremde leben, ohne unter Heimweh zu leiden.

II. Differenzierende Merkmale bei bestimmten Berufsgruppen

Seemann und Flieger (Abb. 10 und 12)

Wer wirklich zum Seemann berufen ist, sollte neben den bereits genannten Merkmalen (siehe Abb. 10) noch folgende traditionelle Handzeichen vorweisen können: *ein* Fingergrundglied – vorzugsweise das Grundglied des Mittel- oder Ringfingers – ist länger als die übrigen Grundglieder.
Für den relativ jungen Beruf des Fliegers liegen uns bisher noch keine ausreichenden chirologischen Untersuchungen und Beobachtungen vor, doch ist er wohl dem Beruf des Seemanns gleichzustellen, setzt ähnliche Eigenschaften und Anlagen und folglich auch dieselben Handzeichen voraus.
Manchmal ist bei besonders bärbeißigen Seeleuten der Mittelfinger viel länger und stärker entwickelt als die übrigen Finger, Zeichen für einen introvertierten Charakter, der zum Alleinsein, ja sogar zur Menschenfeindlichkeit neigt. Im übrigen ist dieses Merkmal nicht nur bei Seeleuten zu finden, sondern bei allen Menschen, die gern zurückgezogen leben und bewußt oder unbewußt ein antisoziales Verhalten an den Tag legen.

Journalist, Reporter (Abb. 10, 11, 13)

Der Beruf des Journalisten und Reporters, der in der Welt herumreist, Informationen über aktuelle Ereignisse sammelt und darüber berichtet, erfordert zunächst einmal Eigenschaften, die jeder haben muß, der Reisen liebt und das Abenteuer nicht scheut.
Wer also diesen Beruf ergreifen möchte, sollte all jene Handzeichen haben, die bei allen Reise-, Abenteuer- und Risikoberufen auftauchen und die wir in Kapitel V (Abb. 10, 11) beschrieben haben. Doch das allein genügt nicht; darüber hinaus sind Beobachtungsgabe und schriftstellerisches Talent erforderlich, Begabungen, die in der Hand des Kandidaten für den Beruf des Journalisten oder Reporters leicht zu erkennen sind, wenn man folgendes beachtet:

a) *Zeigefingerspitze* (Abb. 13 a)
Wenn die Kopflinie so ausgebildet ist wie unter b) beschrieben, der Zeigefinger außerdem konisch (Abb. 14) oder spitz (Abb. 15) zuläuft, alle anderen Fingerspitzen aber eckig (Abb. 16) oder spatelförmig (Abb. 17) sind, so zeigt dies an, daß der Betreffende Fakten, Ereignisse und Personen genau und objektiv wahrnimmt und beurteilt.

b) *Verlauf und Ende der Kopflinie*
Die Kopflinie ist abwärts zum Mondberg geneigt. Je länger diese Linie, desto intelligenter ist die Person, je gerader, desto mehr überwiegt der Verstand bei der Beobachtung und Beurteilung bestimmter Ereignisse und anderer Menschen, wobei jedoch Gefühle nie ganz

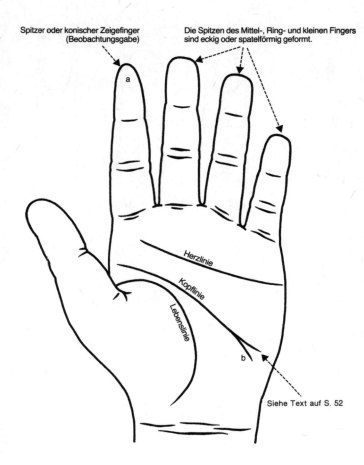

Abb. 13

Journalist, Reporter

Abb. 13 ergänzt Abb. 10 (und 11); diese sollten daher zuerst betrachtet werden.

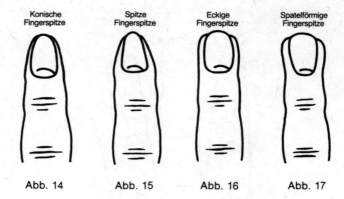

Abb. 14   Abb. 15   Abb. 16   Abb. 17

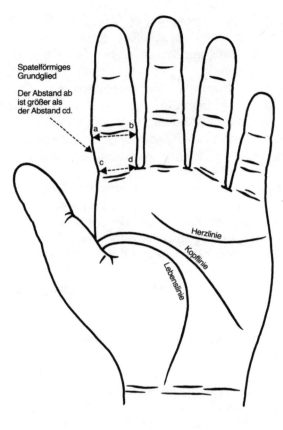

Abb. 18

Forschungsreisender (Völkerkundler, Geologe usw.)

Abb. 18 ergänzt Abb. 10 (und 11); diese sollten daher zuerst betrachtet werden.

von kaltblütiger Überlegung verdrängt werden. Nicht so günstig ist es, wenn die Kopflinie gebogen verläuft, das weist auf die Neigung hin, eher dem Gefühl als dem Verstand zu folgen.
Endet die Kopflinie in einer kleinen Gabelung (Abb. 13 b), so bedeutet dies, daß sich gebändigte Phantasie mit praktischer, kreativer Intelligenz paart, eine sehr nützliche Vorbedingung für die Fähigkeit des Journalisten, die äußere Welt deutlich erkennen und beschreiben zu können.
Eine eher amüsante Nebenbemerkung: Ein kurzer Mittelfinger, so heißt es, verrät den Hang zum ungebundenen Leben eines Bohemien. Dieses Zeichen soll von besonderer Aussagekraft sein bei den Berufsgruppen der *Journalisten,* Künstler und Clochards . . .

Forschungsreisender (Völkerkundler, Geologe usw.)
(Abb. 10, 11, 18)

Jeder, der Forscher mit wechselnden Arbeitsplätzen vorwiegend in freier Natur (Feldforscher) werden möchte, sollte selbstverständlich die in Kapitel V (Abb. 10, 11) beschriebenen Handzeichen vorweisen können. Die Anlage zum Beruf des Feldforschers verrät jedoch ganz speziell ein weiteres Zeichen: und zwar sollte das Grundglied des Zeigefingers nach oben zu breiter, das heißt spatelförmig sein (Abb. 18).
Auch Camping-Fanatiker, Jagdbegeisterte und vor allem Safari-Fans haben oft einen Zeigefinger mit spatelfömigem Grundglied. In einem Land wie Frankreich mit ungefähr drei Millionen Camping-Freunden und zwei Millionen Jägern sollte es an Beispielen dafür nicht fehlen. Doch

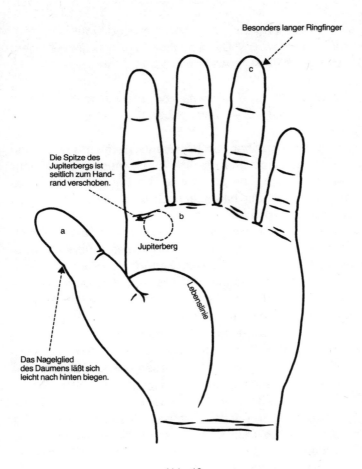

Abb. 19

Risikoberufe

Abb. 19 ergänzt Abb. 10 (und 11); diese sollten daher zuerst betrachtet werden.

wer von ihnen ist wirklich von der Jagd, vom Camping-Leben überzeugt? Die Begutachtung des Zeigefingers kann uns hier womöglich die Augen öffnen.

Risikoberufe (z. B. Rennfahrer, Berufssportler, Stuntman, Akrobat, Artist usw.) (Abb. 10, 11, 19)

Leute mit Risikoberufen (Berufe im Bereich des Sports, des Show-Geschäfts usw.) können, müssen aber nicht unbedingt alle jene Merkmale und Zeichen haben, die bei Personen mit hauptsächlich im Freien ausgeübten Berufen zu erkennen sind.
Denn Risikofreudigkeit allein genügt in vielen Fällen nicht; wie bei allen, die gern im Freien tätig sind, muß auch hier Vitalität und das Bedürfnis vorhanden sein, überschüssige Energie loszuwerden. Allerdings zeigen Leute, die gern in freier Natur arbeiten, wiederum nicht unbedingt eine Vorliebe für waghalsige Unternehmungen. Bei risikofreudigen Personen sind also noch weitere, ganz spezifische Handzeichen zu finden:
- *Der Venusberg* ist fest und übergroß; die Lebenslinie umläuft ihn anfangs in weitem Bogen (Abb. 10).
- *Die Lebenslinie* strebt im weiteren Verlauf dem Mondberg zu, kann jedoch den Venusberg auch völlig umschließen (das kommt relativ selten vor; wer die Gefahr liebt, ist meist nicht sehr häuslich) oder aber gegabelt enden (Abb. 11).
- *Der Mondberg* ist fest und übergroß (Abb. 10). Und vor allem:
- *Der Daumen* ist in Höhe des ersten Gelenks, also des Nagelgliedgelenks, biegsam (Abb. 19 a); das Nagelglied läßt sich besonders leicht nach hinten biegen,

ein typisches Merkmal übrigens nicht nur bei Personen mit einem Risikoberuf, sondern auch bei Geschäftsleuten und Gitarristen (siehe Kapitel XIII und XIV).
- *Die Spitze des Jupiterbergs,* das heißt der Erhöhung unter dem Zeigefinger, strebt sichtlich der Handkante zu. Wenn der Jupiterberg fast mit der Handkante zusammenfällt, so verrät dies – leider – eine übertriebene Abenteuerlust und damit auch die Neigung, die Pflichten gegenüber Familie und Gesellschaft zu vernachlässigen. Kurz, dies Zeichen ist der symbolische Ausdruck für Verantwortungslosigkeit.
- *Der Ringfinger* ist zu lang (Abb. 19 c), das heißt wesentlich länger als der Zeigefinger. Normalerweise sind beide Finger gleich lang.

VI. Beratende Berufe
(vor allem im juristischen Bereich)

Wer andere von Berufs wegen zu beraten hat, sollte unserer Meinung nach unbedingt bestimmte Fähigkeiten beziehungsweise Handzeichen haben, die wir hier genauer untersuchen wollen. Dabei werden wir vor allem auf die juristischen Berufe und speziell den Anwaltsberuf eingehen.

I. Allgemeine chirologische Kennzeichen dieser Berufsgruppe

Jeder, der in beratender, speziell in juristisch beratender Funktion tätig ist, sollte folgende Fähigkeiten haben:

1. *Er sollte Menschenkenntnis haben und kontaktfähig sein.*
Wenn sich der Zeigefinger im Gelenk zwischen Nagel- und Mittelglied besonders gut biegen läßt (Abb. 20 und 21 a), so verrät dies Menschenkenntnis und Kontaktfähigkeit.
Um die zu prüfen, drückt man am besten die Spitze des Zeigefingers auf eine gerade und harte Fläche. Läßt sich das Nagelglied leicht nach auswärts biegen, so haben wir es mit einem kontaktfreudigen und geselligen Menschen zu tun.

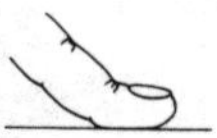

Abb. 20

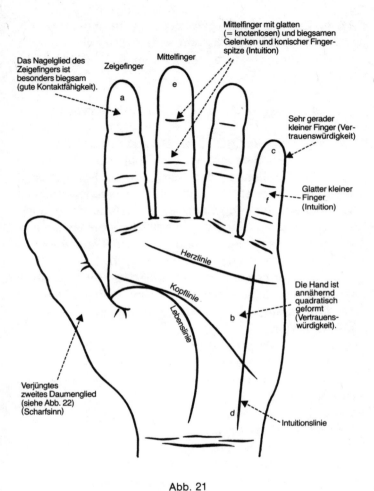

Abb. 21

Beratende Berufe

Dieses Zeichen ist übrigens bei allen Berufen zu finden, in denen es darauf ankommt, schnell Kontakt zu anderen Personen herstellen zu können (z. B. Public-Relations-Berufe).

2. *Er sollte der ratsuchenden Person Vertrauen einflößen.*
Es ist äußerst wichtig, daß der Berater voll und ganz das Vertrauen des Ratsuchenden genießt. Nähert sich die Hand des Beratenden der quadratischen Form (Abb. 4 und 21 *b*), so spricht dies für seine Vertrauenswürdigkeit (wir erinnern hier noch einmal daran, daß bei der quadratischen Hand die Länge der Handfläche – gemessen zwischen dem Handgelenk und der Mittelfingerwurzel – annähernd ihrer Breite entsprechen soll).
Die quadratische wird auch »praktische« Hand genannt; sie ist bei Menschen zu finden, die mit beiden Füßen auf der Erde stehen. Eine wichtige Eigenschaft für einen guten Berater!
Ist der kleine Finger zudem noch sehr gerade, so bleibt dieser Mensch in allem, was er tut, seinen Prinzipien treu, verfügt also über die in diesen Berufen notwendige Zuverlässigkeit.

3. *Er sollte intuitiv begabt sein.*
Dann kann er die einzelnen Aspekte einer Situation erfassen, die der Ratsuchende aus den unterschiedlichsten Gründen nur zögernd preisgeben mag.
Drei Zeichen, die unabhängig voneinander existieren können, sich jedoch bei gleichzeitigem Vorhandensein gegenseitig bestätigen und verstärken, symbolisieren diese Fähigkeit:

- *Die Intuitionslinie.* Sie wird auch Merkurlinie genannt, weil sie zwar an verschiedenen Stellen der Handfläche entspringen kann, stets jedoch im Merkurberg unter dem kleinen Finger endet oder in dessen Richtung verläuft.

Die Intuitionslinie sollte in unserem Fall im unteren Bereich des Mondbergs entspringen, die Herzlinie durchschneiden und dem Merkurberg zustreben, muß diesen jedoch nicht unbedingt erreichen (Abb. 21 d).

Die Intuition ist hier als Teil der Intelligenz zu verstehen; sie ergänzt die Beobachtungsgabe und unterstützt die Urteilsfähigkeit.

- *Die Gelenke des Mittelfingers* sind glatt und biegsam, die Fingerspitze ist konisch geformt (Abb. 21c).
- *Der kleine Finger* ist glatt (Abb. 21 f).

4. Er sollte scharfsinnig sein.

Dies gilt in besonderem Maße für den juristischen Berater.

Prüfen Sie den Daumen! Eine Verjüngung des zweiten Gliedes (Abb. 22) ist der symbolische Ausdruck für Scharfsinn: je schmaler das zweite Daumenglied, desto scharfsinniger ist dieser Mensch.

Dies ist ein untrügliches Zeichen für Scharfblick, besonders wenn zusätzlich noch das Grundglied des Zeigefingers auf der Oberseite leicht kammartig geschwollen ist.

Abb. 22

II. Einzelne Berufe

Jurist

Unter dieser Bezeichnung wollen wir Personen zusammenfassen, die in verschiedenen juristischen Bereichen tätig sind wie z. B. Rechtsberater, Rechtspfleger, Richter, Notare, Justitiare, Bewährungshelfer usw., kurz all diejenigen, die zur gewissenhaften Ausübung ihres Berufes nicht nur juristische Fachkenntnisse, sondern auch Rechtsbewußtsein und einen ausgeprägten Gerechtigkeitssinn haben müssen.
Um festzustellen, ob derjenige, der einen der genannten Berufe anstrebt, diesen Kriterien entspricht, sollte folgendes begutachtet werden:
– *Die Daumenspitze.* Leute mit Rechtsbewußtsein und Gerechtigkeitssinn haben oft eine eckig geformte Daumenspitze (Abb. 16 und 23 a); die übrigen Finger können, müssen jedoch nicht eckig zulaufen.
– *Die Zeigefingerspitze.* Eine eckige Zeigefingerspitze verrät starkes Rechtsbewußtsein und die angeborene Fähigkeit, in juristischen Dingen richtig zu urteilen (Abb. 16 und 23 b).
Nicht beide Merkmale müssen vorhanden sein; sie sind chirologisch gleichwertig, infolgedessen genügt es, wenn nur einer der beiden Finger eckig zuläuft.

Anwalt (Rechts-, Staats-, Wirtschaftsanwalt)

Ein guter Anwalt braucht selbstverständlich – vielleicht sogar mehr als jeder andere – die Fähigkeiten bzw. Handzeichen, die jeder gute juristische Berater haben

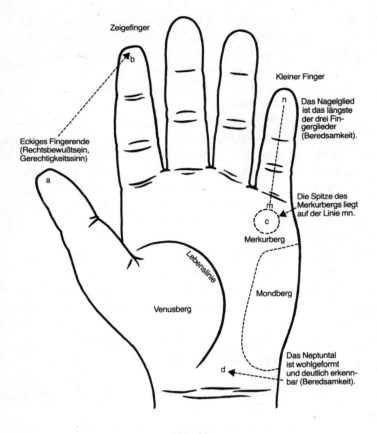

Abb. 23

Anwalt (Redegewandtheit)

Abb. 23 ergänzt die Abb. 20, 21 und 22; diese sind daher zuerst zu betrachten. Die Zeichen c, d, e gelten speziell für Juristen, die viel in der Öffentlichkeit reden müssen, also in erster Linie für Anwälte (Staatsanwalt, Rechtsanwalt).

sollte (siehe I und II). Doch das allein genügt noch nicht. Er muß seine Klienten, Gegner und Richter überzeugen können, muß redegewandt sein und es vor allem verstehen, geschickt vor Gericht zu plädieren.
Folgende Handzeichen lassen Rednertalent und Überzeugungskraft erkennen:
- *Der Merkurberg,* die Erhöhung unter dem kleinen Finger. Liegt die Spitze des Merkurbergs genau in der Verlängerung der (gedachten) Linie *mn* (Abb. 23 c), die vom äußersten Ende des kleinen Fingers bis zur Mitte des letzten Fingergelenks geht, so verrät dies Rednertalent und Überzeugungskraft. Vergessen wir nicht, Merkur war auch der Gott der Reisenden, Diebe und Händler!
- *Das Neptuntal,* die Vertiefung in der Innenhand zwischen Venusberg und Mondberg, knapp über dem Handgelenk (Abb. 23 d). Ein gut ausgebildetes Neptuntal spricht für Vitalität, Charisma und Überzeugungskraft.
- *Der kleine Finger.* Wenn das Nagelglied das längste der drei Fingerglieder ist, so versteht es der Betreffende, sich mühelos in Wort und Schrift auszudrücken – eine Begabung, die wohl jeder Anwalt haben sollte (Abb. 23 e).

Nicht alle drei genannten Merkmale müssen gleichzeitig vorhanden sein; eins allein genügt schon. Sind jedoch zwei oder gar alle drei zu erkennen, so kündigt sich uns hier ein Anwalt mit vielversprechender Zukunft, ein Meister seines Faches an.

Wir werden auf diese Rednertalent verheißenden Kriterien wieder zu sprechen kommen, wenn wir den Beruf des Politikers untersuchen (siehe Kapitel XI).

VII. Heil- und Pflegeberufe

Zu dieser Gruppe gehören alle Berufe, die sich mit Krankenpflege und Krankenheilung (von Mensch und Tier) befassen, und zwar vor allem folgende Berufe:
- ärztlicher Beruf im allgemeinen;
- Chirurg;
- Homöopath, Heilpraktiker;
- Kinderarzt;
- Krankenschwester, -pfleger;
- Tierarzt.

Liegt wirklich eine echte Berufung vor und wird die Berufswahl nicht nur durch Einflüsse der Umgebung oder rein materielle Erwägungen bestimmt, so setzen alle diese Berufe eine natürliche Heilbegabung voraus, die unter günstigen Umständen durch praktische Erfahrung vertieft wird. Die Chirologen, die sich seit langem damit beschäftigen, sprechen hier von »Heiltalent« und nennen die entsprechenden Handzeichen »Heilstigmata«, eine Vokabel, die wir übernehmen wollen, da in ihr der Reiz und die Atmosphäre alter okkultistischer Praktiken eingefangen ist.
Natürlich sind heutzutage für den Beruf des Arztes neben diesem Talent noch andere Fähigkeiten von entscheidender Bedeutung, nämlich:
- Befähigung zum Erwerb der umfangreichen medizinischen Kenntnisse;

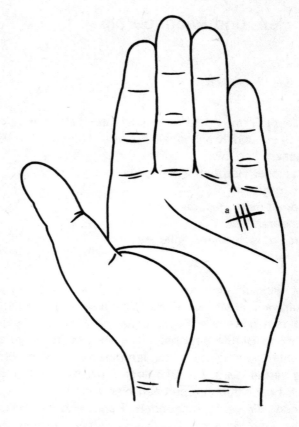

Abb. 24

Die Heilstigmata (Abb. 24–27)

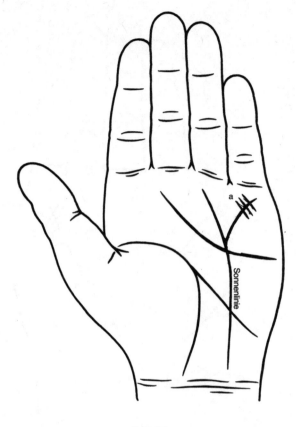

Abb. 25

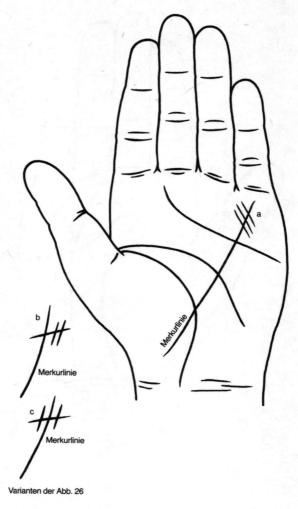

Abb. 26

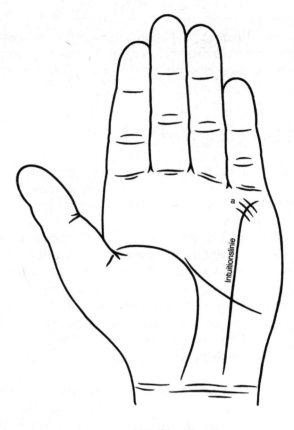

Abb. 27

- Kontaktfähigkeit;
- Beobachtungsgabe (Abhorchen, Untersuchen usw.);
- Intuition und Scharfsinn (richtige Diagnosestellung).

Welche Handzeichen geben nun Aufschluß über diese Fähigkeiten?

Heilstigmata (Abb. 24–27)

Wenn in der Hand – meist auf dem Merkurberg – die *Heilstigmata* erkennbar sind, so spricht das für das Talent des Betreffenden andere zu heilen und zu pflegen.

Dies gilt ebenso für Ärzte, Chirurgen, Tierärzte und Heilpraktiker wie auch für Heilkundige, die zwar besondere Fähigkeiten, aber keine Diplome vorweisen können.

Zumeist sind diese Heilstigmata *drei kurze parallele Linien, die in der Regel ungefähr parallel zur Handkante verlaufen* und von einer der Handmitte zustrebenden *Querlinie* durchschnitten werden (Abb. 24).

Es kann sich dabei auch eines der folgenden Bilder zeigen:

- Die Querlinie wird von einem *Ast der Sonnenlinie* geformt, der sich dem Merkurberg zuwendet (Abb. 25); dies kündigt eine äußerst erfolgreiche medizinische Karriere an. Erinnern wir uns daran, daß die Sonnenlinie ziemlich selten vorkommt und an den verschiedensten Punkten der Handfläche entspringen kann, stets jedoch dem Sonnenberg unter dem Ringfinger zustrebt. Sie ist im allgemeinen der symbolische Ausdruck für Erfolg.
- Eine der drei Parallellinien wird vom *Ende der Merkur-*

linie gebildet (Abb. 26*b* und *c*); dies weist darauf hin, daß der Betreffende nicht nur medizinisch begabt ist, sondern vor allem auch gut zu diagnostizieren versteht. (Wir erinnern daran, daß die Merkurlinie nicht immer vorhanden ist, an irgendeiner Stelle der Handfläche entspringen kann, stets jedoch dem Merkurberg unter dem kleinen Finger zustrebt.)
– Wenn die Merkurlinie als *Intuitionslinie* auftritt, also auf dem unteren Teil des Mondbergs entspringt, bis zum Merkurberg aufsteigt und so eine der drei Parallellinien bildet (Abb. 27*a*), sollte unbedingt ein Heilberuf ergriffen werden. Der Handeigner ist dafür wie geschaffen und vor allem bei der Diagnosestellung unfehlbar.

Ärztlicher Beruf im allgemeinen

Wenn in der Hand eines Kindes oder eines Jugendlichen diese Heilstigmata zu finden sind, sollte man niemals zögern, einen Heilberuf zu empfehlen. Was jedoch keineswegs heißen soll, daß demjenigen, der diese Zeichen nicht vorweisen kann, im übrigen aber medizinisches Interesse und auch die für die Berufsausübung erforderlichen Fähigkeiten hat, von vornherein von einem Heilberuf abzuraten wäre.
Sind diese Stigmata nur in einer Hand, im allgemeinen in der linken, vorhanden, so läßt dies erkennen, daß die Heilbegabung von einem Vorfahren ererbt wurde. Doch reicht die angeborene Fähigkeit, andere zu pflegen und zu heilen, längst nicht aus, um aus der betreffenden Person auch wirklich einen guten Arzt zu machen.

Dieses Talent kann nämlich nutzlos sein, wenn der Betreffende nicht fundierte medizinische Kenntnisse erwirbt; und das setzt wiederum voraus, daß er die Gelegenheit und vor allem auch die *geistigen Fähigkeiten* hat, sich diese Kenntnisse zu verschaffen.

Form und Länge der *Kopflinie* können uns darüber Auskunft geben. Das Medizinstudium ist lang und schwierig und verlangt vom Studierenden überdurchschnittliche Intelligenz und eine große Konzentrations- und Merkfähigkeit; Leute mit einer kurzen und/oder sehr fein gezeichneten Kopflinie sind dafür ungeeignet. Wenn wir uns eine von der Mitte zwischen Ring- und Mittelfinger senkrecht nach unten verlaufende Linie denken (Abb. 28 *ab*), so sollte die Kopflinie diese um ein gutes Stück überschreiten (Abb. 28 *c*). Wie die Kopflinie *endet,* sagt nur etwas über den Charakter aus, hat aber in medizinischer Hinsicht – abgesehen vom Fall des in der Forschung tätigen Mediziners (siehe Kapitel IX) – keinerlei Bedeutung.

Wichtig und nützlich ist die *Kontaktfähigkeit* des Arztes. Der Kranke fühlt sich bewußt oder unbewußt dem Arzt stets unterlegen. Dieser sollte daher dem Patienten entgegenkommen und nicht nur einen simplen Dialog mit ihm führen, in dem der Kranke sagt, worunter er leidet, und der Arzt kraft seines Amtes entscheidet, was dagegen zu tun ist. Der Zeigefinger gibt uns hier Auskunft: Läßt sich das Nagelglied gut auswärts biegen, so ist dies ein Beweis für Kontaktfähigkeit (siehe Seite 56, I,1 und Abb. 20, 28).

Nur ein guter *Diagnostiker* ist auch gleichzeitig ein guter Arzt. Dies setzt zunächst einmal die Fähigkeit voraus, Krankheitssymptome erkennen zu können; der Arzt muß also über eine gute *Beobachtungsgabe* verfügen und die Kunst des methodischen Untersuchens gut beherrschen. Ein Hinweis dafür ist ein konisch oder spitz zulaufender Zeigefinger; alle übrigen Fingerspitzen – ausgenommen vielleicht der Mittelfinger – können durchaus eckig oder spatelfömig sein (Abb. 16, 17 und 28 *d*).

Ist die Untersuchung beendet, so ist die nun folgende Diagnosestellung im wesentlichen eine Sache der praktischen Erfahrung, aber auch der beruflichen *Intuition* des Arztes und seiner Fähigkeit, das Unwägbare erkennen zu können. Dazu bedarf es eines angeborenen oder durch Erfahrung erworbenen »sechsten Sinnes«. Dieser »sechste Sinn« ist dann vorhanden, wenn eine Linie der Heilstigmata von der Merkurlinie oder besser noch von der Intuitionslinie gebildet wird (siehe unter *Heilstigmata* und Abb. 26, 27).

Doch auch wenn nur eine einfache Intuitionslinie zu erkennen ist, die nicht bis an die Heilstigmata heranreicht, spricht dies für die intuitive Begabung des Betreffenden; ebenso ein konisch zulaufender Mittelfinger mit glatten, biegsamen Gelenken (Abb. 28 *f*) und/oder ein glatter Ringfinger (Abb. 28 *g*).

Chirurg

Außer den Fähigkeiten, die jeder gute Arzt bzw. ganz allgemein jeder haben sollte, der andere pflegt und heilt, erfordert die Tätigkeit des Chirurgen noch eine besondere manuelle Geschicklichkeit.

Darüber kann uns der *Zeigefinger* Aufschluß geben: Ist das Mittelglied das stärkste und längste aller drei Glie-

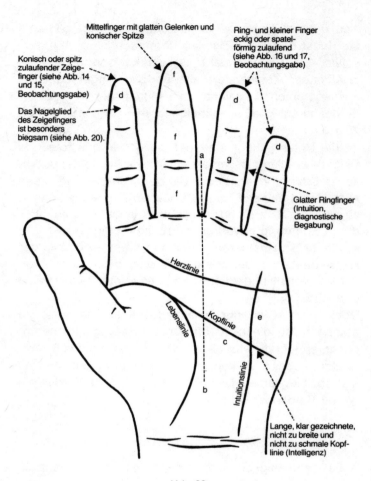

Abb. 28

Ärztlicher Beruf im allgemeinen

Chirologische Zeichen für eine gute medizinische Begabung (vor allem wenn außerdem eine Variante der Heilstigmata vorhanden ist; siehe Abb. 24–27)

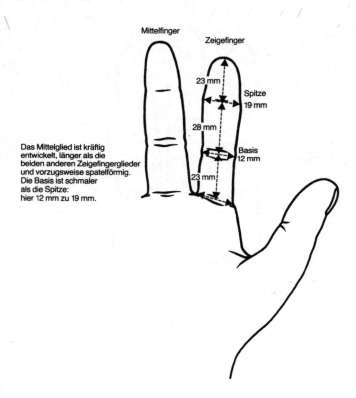

Abb. 29

Manuelle Geschicklichkeit (Chirurg)

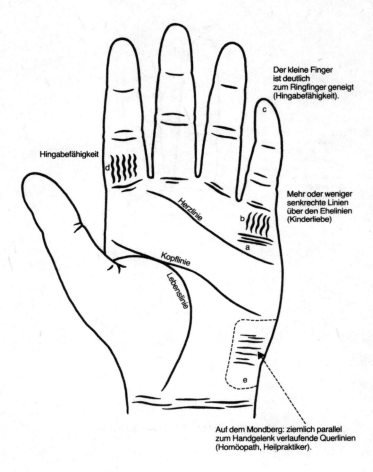

Abb. 30

Homöopath, Heilpraktiker, Kinderarzt, Krankenschwester, -pfleger

Abb. 30 ergänzt die Abb. 24 bis 28; diese sollten daher zuerst betrachtet werden.

der und außerdem noch spatelfömig (Abb. 29), so haben wir es hier zweifellos mit einem sehr *geschickten* Chirurgen zu tun.

Allerdings haben nicht nur Chirurgen, sondern alle Personen, die sich durch besondere Handfertigkeit auszeichnen, dieses Merkmal. Für sich allein ist es also kein Kriterium, das eine generelle Eignung für den Beruf des Chirurgen erkennen läßt. Doch in der Hand eines guten Arztes verrät es chirurgische Begabung, in der Hand des Chirurgen besondere manuelle Geschicklichkeit.

Homöopath, Heilpraktiker

In der Hand des Homöopathen und des Naturheilkundigen sind auf dem Mondberg häufig parallel zur Fingerbasis verlaufende Querlinien eingezeichnet.

Dieses Zeichen läßt sich vielleicht damit erklären, daß Homöopathie und Naturheilkunde vor allem auf pflanzlicher Basis arbeiten und der Natur viel näher stehen als die mehr chemisch orientierte Allopathie. Es ist also nicht verwunderlich, wenn dies durch besondere Linien auf dem Mondberg zum Ausdruck kommt, denn dieser Berg symbolisiert unter anderem auch die oft unbewußte Liebe zur Natur.

Kinderarzt

Neben echter Berufung und medizinischer Begabung, die jeder praktische Arzt haben muß (siehe Seiten 63–71), setzt der Beruf des Kinderarztes voraus, daß der Betreffende Kindern Verständnis und Sympathie entgegenbringt, kinderlieb ist und mit Kinder gut umzugehen

weiß. Wie die Englische Schule lehrt, ist dies aus der *Ehelinie* ersichtlich, die am Handrand zwischen Herzlinie und Merkurfinger eingekerbt ist (sind mehrere Ehelinien vorhanden, so beachte man nur die stärkste dieser Linien) (Abb. 2 und 30 *a*).
Sind über dieser Ehelinie mehrere senkrechte, ziemlich parallel verlaufende Linien eingezeichnet (die Zahl ist unwichtig), die jedoch die Ehelinie nicht durchschneiden dürfen, so spricht dies für die Kinderliebe dieser Person. Sie ist bestens geeignet, Kinder zu pflegen, zu erziehen oder zu unterrichten (Abb. 30 *b*).

Krankenschwester, -pfleger

Wer Krankenschwester oder Krankenpfleger werden möchte, sollte in seiner Hand eine der genannten Varianten der *Heilstigmata* erkennen (Abb. 24–27); im übrigen sollten jedoch auch die anderen Handzeichen, die eine Eignung für den Heilberuf anzeigen, vorhanden sein (siehe Seiten 68–71). Doch mehr noch als in jedem anderen Beruf wird von Krankenschwestern und -pflegern die Bereitschaft verlangt, selbstlos für andere zu sorgen.
Zwei Zeichen geben über die *Hingabebereitschaft* Aufschluß:
– eine deutliche Neigung des kleinen Fingers zum Ringfinger (Abb. 30 *c*);
– klar gezeichnete, tief eingekerbte senkrechte Linien auf dem Grundglied des Zeigefingers (Abb. 30 *d*).
Diese Handzeichen lassen die instinktive Bereitschaft erkennen, sich aufopfernd um andere Menschen – Kranke, Behinderte oder Alte – zu kümmern; für Kran-

kenschwestern und -pfleger eine höchst wichtige Eigenschaft. Es genügt, wenn nur eines der beiden Merkmale vorhanden ist. Existieren jedoch beide, so ist die Hingabefähigkeit um so ausgeprägter.
Sind neben diesen beiden Zeichen auch noch die sogenannten *Kinderlinien* (Abb. 30 b) in der Hand erkennbar, so ist die betreffende Person selbstverständlich in besonderem Maße geeignet, sich auf *Kinderpflege* (Säuglingsschwester) zu spezialisieren.

Diese chirologischen Symbole der Hingabefähigkeit sind nicht nur bei Krankenschwestern und -pflegern zu finden, sondern ganz allgemein bei allen Personen, die ihre Aufgabe darin sehen, das Leben anderer zu erleichtern, und die ihren Mitmenschen bei der Lösung ihrer Probleme helfen wollen (Pfarrer, Gemeindeschwestern, Sozialhelfer usw.). Erst wer neben diesen Zeichen auch die typischen chirologischen Merkmale des Heilberufs vorweisen kann, sollte Krankenschwester bzw. -pfleger werden.

Tierarzt

In der Hand des guten Tierarztes sollten neben dem chirologischen Symbol der Tierliebe (Abb. 8 und 9) auch die sogenannten *Heilstigmata* (Abb. 24–27) vorhanden sein; eventuell auch jene Zeichen, die erkennen lassen, daß der Arzt beim Operieren seiner »Patienten« besondere Geschicklichkeit entwickelt (Abb. 29). Doch um hieraus mit Sicherheit auf die Berufseignung schließen zu können, reichen die bisherigen Beobachtungen der verschiedenen chirologischen Schulen noch nicht aus.

VIII. Literarische und künstlerische Berufe

I. Gemeinsame Einleitung zu Kapitel VIII und IX

Unerläßliche Voraussetzung für alle kreativen Tätigkeiten und alle Forschungsberufe (Kapitel IX) ist schöpferische Phantasie. Doch Phantasie allein genügt nicht; denn häufig sind darunter nur die Trugbilder und Hirngespinste eines Phantasten zu verstehen. Neben Phantasie ist vor allem Kreativität erforderlich; praktischer Verstand muß der Phantasie zu Hilfe kommen, damit diese gebändigt und harmonisch ins Werk umgesetzt werden kann.

Ob schöpferische Phantasie vorhanden ist, verrät eine lange, gut ausgeprägte Kopflinie, die nicht zu schmal und nicht zu breit sein sollte und zum Mondberg, dem Symbol der Phantasie, absteigt. Der Mondberg muß fest und gut entwickelt sein.

Nur Richtung und Ende der Kopflinie können je nach Art des Berufes variieren. Bei folgenden Berufen ist dieses Handzeichen in der einen oder anderen Form zu finden:

- *im Bereich der Literatur:*
  Sachbuchautor;
  Historiker, Archäologe, Genealoge usw.;
  »schöngeistiger« Schriftsteller;

- *im künstlerischen Bereich:*
  traditionelle künstlerische Berufe:
    Maler;
    Bildhauer;
    Kunsthandwerker;
  moderne künstlerische Berufe:
    Modeschöpfer;
    Designer;
    Dekorateur;
    Gebrauchsgraphiker;
    Visagist usw.

sowie bei allen Berufen im Bereich von Forschung und Wissenschaft, die wir in Kapitel IX untersuchen werden.
Zu jedem der genannten Berufe gehören außerdem noch weitere chirologische Merkmale, die eine Differenzierung ermöglichen.

II. Berufe im Bereich der Literatur

Die Kunst des Schreibens erfordert nicht nur schöpferische Phantasie, sondern auch Beobachtungsgabe und natürlich die Fähigkeit, Erdachtes und Gesehenes in Worte umzusetzen.
Wir wollen hier unterscheiden zwischen dem Schriftsteller, der in darstellender Form Wissen vermittelt (Sachbuchautor), dem Historiker, der Ereignisse und Gebräuche der Vergangenheit erforscht und schildert, und dem Schriftsteller, dessen Werk rein dichterisch gestaltet ist, wobei der Rahmen durchaus mit einer vergangenen oder gegenwärtigen Realität übereinstimmen kann.

Sachbuchautor (Abb. 31)

Er kommt dem enorm gestiegenen Informationsbedürfnis heutiger Leser entgegen, vermittelt Wissen in verständlicher Sprache, öffnet neue Horizonte und schreibt dabei in populärwissenschaftlicher, mehr oder weniger unterhaltsamer Form. Dazu sind neben dem erarbeiteten Wissen und schöpferischer Phantasie eine gute Beobachtungsgabe und schriftstellerisches Talent erforderlich.

1) *Beobachtungsgabe* verrät ein konisch oder spitz zulaufender Zeigefinger; alle übrigen Finger können oder sollten eckig oder spatelförmig zulaufen (Abb. 31 *a*).

2) Richtung und Form der Kopflinie, die lang und klar gezeichnet sein sollte (nicht zu breit und nicht zu schmal), geben Auskunft über das *schriftstellerische Talent,* die Fähigkeit, Imagination und Realität in Worte zu fassen.

Schriftsteller haben im allgemeinen eine Kopflinie, die sich dem unteren Teil der Handfläche zuneigt und fast parallel zur Lebenslinie verläuft (Abb. 31 *b*). Eine lebhafte Neugier gegenüber der äußeren Erscheinungswelt verbindet sich hier mit gebändigter Phantasie und Kreativität, wohl neben Beobachtungsgabe und schriftstellerischem Talent die wichtigste Eigenschaft für einen guten Sachbuchautor.

Besondere Erfolgsaussichten hat ein Autor, der außerdem über einen gewissen *Sinn für Humor* verfügt, wie er sich in einem relativ kurzen und konisch zulaufenden kleinen Finger ausdrückt (Abb. 31 *c*).

Es gibt auch eine Reihe von Ähnlichkeiten mit dem

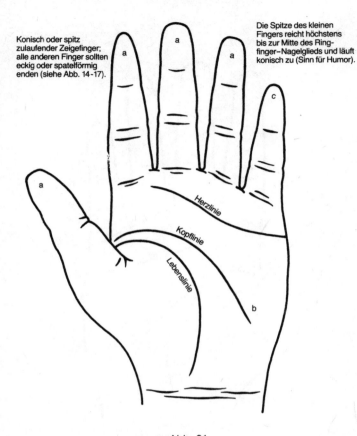

Abb. 31

Sachbuchautor

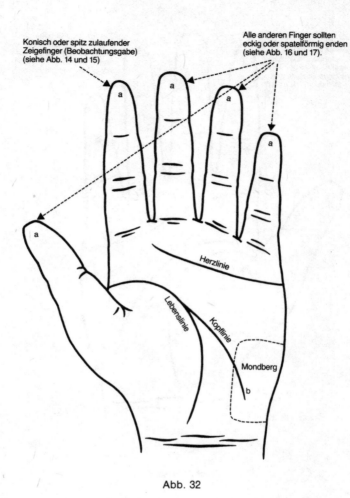

Abb. 32

Historiker, Archäologe, Genealoge usw.

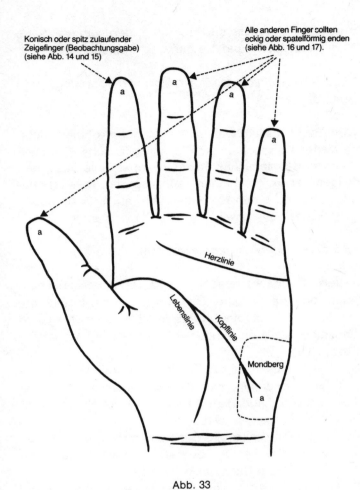

Abb. 33

»Schöngeistiger« Schriftsteller

Beruf des Journalisten/Reporters, den wir auf Seite 48 ff. (Abb. 10, 11 und 13) genauer untersucht haben.

Historiker, Archäologe, Genealoge und so weiter (Abb. 32)

Wenn die Kopflinie weit in den Mondberg hineinreicht, so dienen Beobachtungsgabe, schöpferische Phantasie und schriftstellerisches Talent in erster Linie dazu, den Dingen der Vergangenheit nachzuspüren. Dies ist charakteristisch für den Historiker, aber auch für Archäologen, Genealogen usw.

»Schöngeistiger« Schriftsteller (Abb. 33)

Neben Beobachtungsgabe und schriftstellerischem Talent braucht ein guter Belletrist vor allem Inspiration. Symbol dafür ist eine Kopflinie, die in einer kleinen Gabelung ausläuft; beide Äste enden im Mondberg (Abb. 33 a).
Führt einer der beiden Äste bis zum Handrand, so deutet alles darauf hin, daß das dichterische Werk des Autors großes Aufsehen erregen und der Schriftsteller Berühmtheit erlangen wird.
Achtung! Eine sehr große Gabelung bedeutet etwas völlig anderes: Der Betreffende neigt im täglichen Leben zu Unsicherheit und Unentschlossenheit.
Entfernt sich die Kopflinie sichtlich von der Lebenslinie und strebt bogenförmig dem Mondberg zu, ohne diesen jedoch zu erreichen (Abb. 34), so spricht dies für die außerordentliche Erfindungsgabe des Handbesitzers. Er steckt voller neuer Ideen, doch hat er eine zu lebhafte

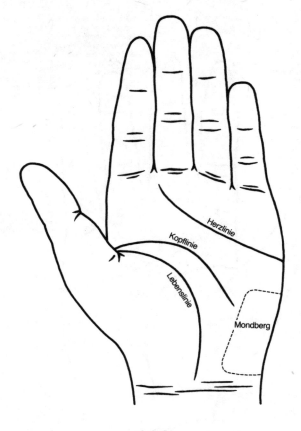

Abb. 34

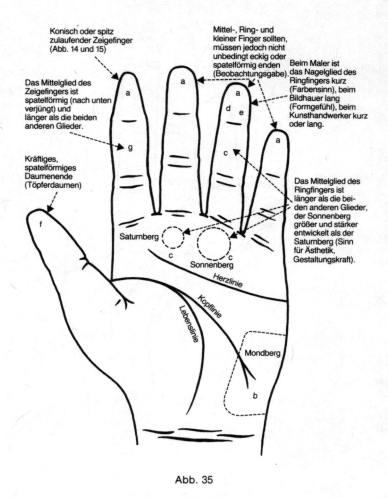

Abb. 35

Maler, Bildhauer, Kunsthandwerker

Phantasie und kann nicht lange bei einer Sache bleiben. Häufig wird etwas geplant und auch in Angriff genommen, doch meistens fehlt es dann an Zeit und Lust, das Begonnene zu einem Ende zu führen. Dies ist typisch für Menschen mit kreativer Energie, die jedoch – um Nutzen zu bringen – erst von anderen in richtige Bahnen gelenkt werden muß. Und das ist nicht immer einfach!

III. Im künstlerischen Bereich (Abb. 35)

Traditionelle künstlerische Berufe

Hier wollen wir vor allem folgende Berufe chirologisch genauer untersuchen:
– Maler;
– Bildhauer;
– Kunsthandwerker (Töpfer, Keramiker, Kunstschmied, Teppichknüpfer, Kunstglaser usw.).

Wer in einem dieser Berufe erfolgreich sein möchte, sollte unbedingt folgende Fähigkeiten haben:
– *Beobachtungsgabe:* Je konischer oder spitzer das Zeigefingerende geformt ist, desto größer ist die Beobachtungsgabe (Abb. 14 und 15); alle übrigen Finger sollten eckig oder besser noch spatelförmig zulaufen (Abb. 16, 17 und 35 a).
– *Schöpferische Phantasie:* Symbol dafür ist eine lange, klar gezeichnete (nicht zu breite und nicht zu schmale) Kopflinie, die zum Mondberg abfällt und am besten in einer kleinen Gabelung endet (Abb. 35 b).
– Vor allem einen ausgeprägten, praktisch orientierten *Sinn für Ästhetik,* also die Fähigkeit, schöpferischer

Phantasie künstlerischen Ausdruck zu verleihen. Dieses ästhetische Vermögen spiegelt sich im Ringfinger wieder: Das Mittelglied muß länger sein als die beiden anderen Fingerglieder, der Sonnenberg (die Erhöhung unter dem Ringfinger, die die Liebe zur Kunst symbolisiert) größer und stärker entwickelt als der Saturnberg (die Erhöhung unter dem Mittelfinger, die ein mehr sachliches Interesse an sozialen und familiären Belangen verrät) (Abb. 35 c).

Chirologisch läßt sich noch genauer analysieren, wie dieser Sinn für Ästhetik bei den verschiedenen Kunstgattungen erscheint:

— Beim *Bildhauer* ist dieser Sinn, der normalerweise mehr auf Formen und Linien, weniger auf Farben gerichtet ist, an einem langen, schmalen Nagelglied des Ringfingers zu erkennen, das jedoch nicht ganz so lang ist wie das mittlere Glied (Abb. 35 d).

— Beim *Maler* ist der Farbensinn besonders ausgeprägt, wenn das Nagelglied des Ringfingers kurz und kräftig ist (Abb. 35 e).

— Beim *Kunsthandwerker* ist dieses Nagelglied – ganz nach der persönlichen Veranlagung und inneren Neigung des Betreffenden – kurz oder lang (Abb. 35 d oder c). Um eine bestimmte Materie schöpferisch gestalten zu können, bedarf es jedoch neben dem Sinn für das Schöne vor allem auch *manueller Geschicklichkeit*.

Nach alter chirologischer Tradition symbolisiert ein kräftiges, spatelförmiges Nagelglied des Daumens, auch »Töpferdaumen« genannt, die manuelle Geschicklichkeit des bildenden Künstlers (Abb. 17 und 35 f).

Einen weiteren Hinweis kann uns hier ein chirologisches

Merkmal geben, das wir schon bei der Chirurgenhand feststellen konnten: Ist das Mittelglied des Zeigefingers länger und stärker als die beiden anderen Fingerglieder, ist es außerdem noch spatelförmig und verjüngt sich nach unten (Abb. 29 und 35 g), so spricht dies für die besondere manuelle Geschicklichkeit des Betreffenden, gleich welcher Berufsgruppe er angehört.

In der Hand mancher Bildhauer und vieler Kunsthandwerker ist der sogenannte Tautropfen zu finden (siehe Seite 92 und Abb. 37), der ebenfalls auf das ästhetische Empfinden des Künstlers hinweist. Doch reicht dieses Zeichen für sich allein nicht aus, um die Eignung für einen künstlerischen Beruf erkennen zu lassen.

Moderne künstlerische Berufe (Abb. 36)

Die industrielle Zivilisation und vor allem das jetzt beginnende nachindustrielle Zeitalter hat verschiedene neue Berufszweige hervorgebracht, die wir der Einfachheit halber unter dem Begriff »angewandte und dekorative Künste« zusammenfassen wollen. Dazu gehören:
– Modeschöpfer;
– Designer;
– Dekorateur;
– Gebrauchsgraphiker;
– Visagist usw.

Für die traditionellen und die modernen Künstlerberufe gelten natürlich weitgehend ähnliche chirologische Merkmale, denn in beiden Bereichen sind fast identische Fähigkeiten erforderlich. Eine völlige Übereinstimmung besteht jedoch nicht, so daß eine – wenn auch sehr feine – Differenzierung möglich ist.

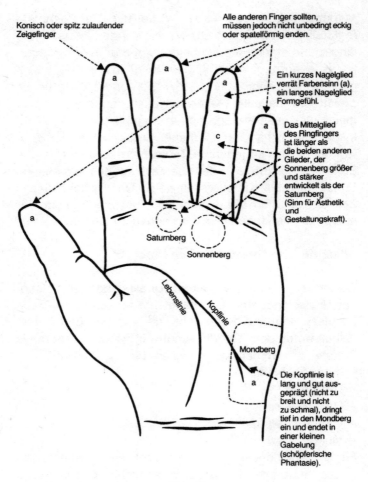

Abb. 36

**Moderne künstlerische Berufe
(Modeschöpfer, Designer, Dekorateur, Gebrauchsgraphiker,
Visagist usw.)**

Zwar müssen Modeschöpfer, Designer, Dekorateure usw. dieselben Fähigkeiten haben wie Maler, Bildhauer und Kunsthandwerker, doch lassen sich hier graduelle Unterschiede feststellen, je nachdem welche besonderen Eigenschaften und Fähigkeiten für den gewählten Beruf charakteristisch sind. Der traditionelle wie der moderne Kreative brauchen eine gute Beobachtungsgabe, schöpferische Phantasie, einen praktisch orientierten Sinn für Ästhetik. Aber vergessen wir auch nicht, daß das Werk der letzteren zwar oft ebenso viel Geschmack und ästhetisches Empfinden voraussetzt, doch längst nicht die gleiche künstlerische Wirkung hat und viel vergänglicher ist.
Wer einen der vielen neuen Berufe im Bereich der modernen angewandten Künste ausübt, sollte also zunächst sämtliche chirologischen Merkmale besitzen, die den traditionellen Künstler charakterisieren.
Wir sind in unserer Analyse jedoch noch weiter gegangen: Wir gehen davon aus, daß Maler, Bildhauer oder Kunsthandwerker eine weitaus größere manuelle Geschicklichkeit besitzen müssen als Dekorateure oder Modeschöpfer, um mit Hilfe bestimmter Werkzeuge eine bestimmte Materie künstlerisch zu gestalten. Daher ist der sogenannte »Töpferdaumen« (Abb. 35 f), der diese Fähigkeit symbolisiert, wohl auch häufiger bei Malern, Bildhauern und Kunsthandwerkern zu finden. Andererseits haben Modeschöpfer, Designer, Dekorateure eine äußerst enge Beziehung zu den Materialien, Stoffen, Geweben, Möbeln oder Gegenständen, die sie verwenden. Es ist für sie ein ganz besonderes Vergnügen, diese Dinge zu berühren, abzutasten, liebevoll mit der Hand darüber zu fahren.

Abb. 37

Symbolischer Ausdruck dieser Liebe ist ein Handzeichen, das die Chirologen seit eh und je als *Tautropfen* bezeichnen: Betrachtet man die Hand von der Seite, so hebt sich manchmal an einem der oberen Fingerglieder – im allgemeinen an der Mittelfingerspitze – ein kleiner, wie ein Tautropfen geformter Ballen ab (Abb. 37).
Dies läßt erkennen, daß die Person einen ausgeprägten Tastsinn hat und ein sinnliches Vergnügen beim Berühren bestimmter Gegenstände und Dinge verspürt.
Wir haben schon gesehen, daß der »Tautropfen« in der Hand des Kunsthandwerkers und auch in der Hand des Bildhauers zu finden ist. Fehlt dieses Zeichen, so heißt das nicht unbedingt, daß dem Künstler Erfolg versagt bleibt. Doch ist es eine weitere Bekräftigung dafür, daß der Betreffende Sinn für Ästhetik hat und ihm der Kontakt mit schönen Dingen ein sinnliches Vergnügen bereitet. Dieser »Tautropfen« ist übrigens bei allen Menschen anzutreffen, die sich sehr für Kunst interessieren, wobei es keine Rolle spielt, ob es sich dabei um ein professionelles Interesse handelt oder nur um die Begeisterung eines Hobbykünstlers oder Sammlers.

IV. Handzeichen, die auf eine erfolgreiche künstlerische oder literarische Karriere hindeuten
(Abb. 38 und 39)

Mit Hilfe der Handanalyse lassen sich die Erfolgschancen im künstlerischen oder literarischen Bereich beurteilen, wenn eine bestimmte Anzahl der genannten Zeichen in der Hand erkennbar ist.
Bedeutsam ist da zunächst ein Zeichen, das nicht so

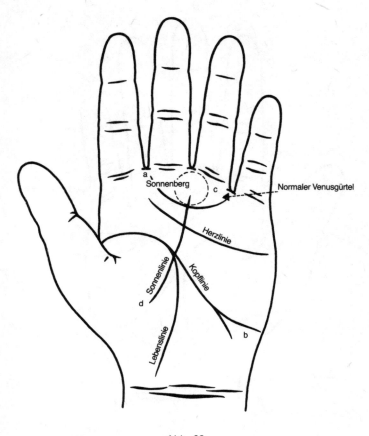

Abb. 38

Zeichen, die auf eine erfolgreiche literarische oder künstlerische Karriere hindeuten (Abb. 38 und 39)

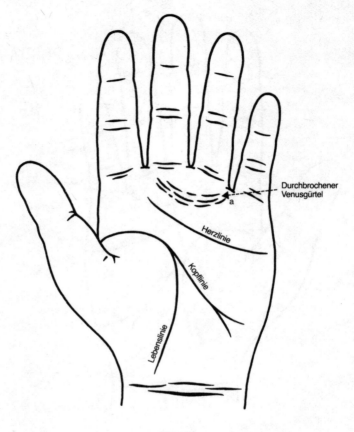

Abb. 39

sehr künftigen Erfolg verheißt, sondern vielmehr die natürliche künstlerische Begabung des Betreffenden widerspiegelt. Denn künstlerisches bzw. literarisches Talent ist eine Gabe der Natur, die entweder vergeudet oder genutzt werden kann.

Dieses Handzeichen ist der sogenannte *Venusgürtel,* der sich bogenförmig um den Saturn- und Sonnenberg (die Erhöhungen unter dem Mittel- und Ringfinger) legt (Abb. 38 *a*).

Personen, die diesen Venusgürtel besitzen, sind empfindsame, kreative, künstlerische Naturen; der Hinweis auf diese Veranlagung wird durch eine gut gezeichnete Kopflinie, die schöpferische Phantasie verrät (siehe Seite 78), noch vertieft.

An der positiven Bedeutung ändert sich auch dann nichts, wenn der Venusgürtel aus mehreren kleinen, gebogenen Linien unter dem Ring- und Mittelfinger besteht.

Natürlich ist der Venusgürtel, der die literarischen und künstlerischen Anlagen einer Person verstärkt, für sich allein noch kein Garant für künftigen Erfolg. Wenn er aber vorhanden ist, so erhöhen sich die Erfolgschancen beträchtlich.

Wie kann man nun unter all den vielen Schriftstellern und Künstlern, die zeit ihres Lebens mehr oder weniger anonym und unbekannt bleiben, denjenigen herausfinden, der Berühmtheit erlangen wird?

Um diese Frage beantworten zu können, wollen wir – ungeachtet einer gewissen Skepsis und mehr zum Vergnügen des Lesers – die *Chiromantie* (Zukunftsdeutung aus der Hand) zu Rate ziehen.

Die Chiromanten messen hier drei Zeichen besondere

Wichtigkeit bei; sie müssen nicht alle gleichzeitig vorhanden sein, da eins allein schon beträchtlichen Erfolg verspricht. Sind jedoch alle drei in der Hand des Glücklichen zu erkennen, so kündigt sich hier angeblich ein triumphaler Erfolg an.

Es sind folgende drei Zeichen:
- *Die Kopflinie* endet gegabelt; einer der beiden Äste führt bis an die Handkante oder läuft auf dem Handrücken weiter. Wie wir schon gesehen haben (siehe Seite 84), prophezeit dieses Zeichen auch dem Schriftsteller großen literarischen Ruhm (Abb. 38 *b*).
- *Der Sonnenberg* unter dem Ringfinger ist besonders fest und stark entwickelt und hebt sich deutlich von den benachbarten Bergen, dem Saturn- und Merkurberg, ab (Abb. 38 *c*).
- *Die Sonnenlinie* (sie kann irgendwo in der Handfläche entspringen, endet jedoch stets im Sonnenberg) ist schön und klar gezeichnet. Beginnt diese Linie im Venusberg und schneidet also die Lebenslinie (Abb. 38 *d*), was äußerst selten ist, so kann der Künstler mit großem Erfolg rechnen oder hat diesen eventuell schon erzielt. Wer diese ungewöhnliche Erfolgslinie besitzt, kann sich wahrhaft glücklich schätzen!

IX. Berufe aus Forschung und Wissenschaft

Unter dem Sammelnamen »Forscher« verstehen wir in der Chirologie nicht nur den wissenschaftlich-experimentell arbeitenden Forscher (Physiker, Chemiker, Biologe, Mediziner, Pharmakologe usw.), sondern im weiteren Sinne auch den Erfinder, den Ingenieur und den Detektiv.
Dieser »Forscher« sollte folgende wichtige Eigenschaften und Fähigkeiten haben:
- Forscherdrang und als Voraussetzung dafür eine gute Beobachtungsgabe;
- Konzentrationsfähigkeit, das heißt die Fähigkeit zu konstanter, geduldiger Beobachtung;
- schöpferische Phantasie;
- Intuition;
- und natürlich spezielles Fachwissen sowie die geistigen Voraussetzungen zum Erwerb dieser Kenntnisse.

Wie wir schon wissen, verrät ein konischer oder spitzer Zeigefinger eine gute *Beobachtungsgabe,* vor allem wenn alle anderen Finger eckig oder spatelförmig enden (Abb. 41 *a*).
Wichtig ist jedoch, daß die Beobachtungsgabe sich mit *Ausdauer* verbindet – und damit kommen wir zum vielleicht wichtigsten Kriterium für einen guten Forscher:
Er muß ein bestimmtes Phänomen oder eine Reihe von

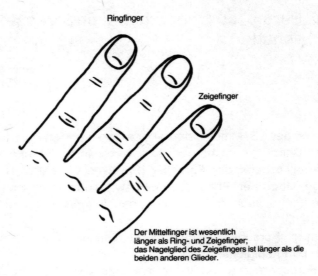

Abb. 40

Wissenschaftler

Linke Hand (Handrücken)

Phänomenen lange Zeit mit Geduld beobachten können, ohne dabei zu ermüden oder die Geduld zu verlieren.

Prüfen wir den *Mittelfinger*. Ragt er mehr als üblich aus allen anderen Fingern hervor, reichen also Zeige- und Ringfinger nicht bis zur Nagelmitte des Mittelfingers, so deutet dies auf einen nachdenklichen, introvertierten Menschen, der dazu neigt, sich abzusondern, ohne daß es jedoch zwangsläufig zu antisozialen Reaktionen kommen müßte (Abb. 40 und 41 *b*). Abstraktes Denken fällt dem Betreffenden leicht, er bewegt sich mühelos im Bereich der Grundlagenforschung.

Je mehr sich die Hand der quadratischen Form (Abb. 4) annähert, desto konkreter werden die erzielten Forschungsresultate sein und desto größer ist die Eignung für die experimentelle Forschung und ihre praktische Anwendung, vor allem wenn außerdem das Nagelglied des Mittelfingers länger ist als die beiden anderen Glieder (Abb. 41 *c*).

Hat jedoch die Hand eine eher langgestreckte Form und/oder sind Grund- und Mittelglied des Mittel- und Zeigefingers ebenso lang wie das Nagelglied des Mittelfingers, so besteht die Gefahr einer gewissen Realitätsferne. Dem Betreffenden gelingt es möglicherweise nicht, seine Arbeit zu einem Abschluß zu bringen, obgleich er sich aufgrund seiner geistigen Fähigkeiten durchaus für den Beruf des Forschers zu eignen scheint. Er neigt dazu, sich von seiner Phantasie hinreißen zu lassen und in einem bestimmten Stadium der Forschungsarbeit den Kontakt mit der Wirklichkeit zu verlieren. Doch kann seine Mitarbeit sehr nützlich sein, wenn man es versteht, ihm rechtzeitig den Weg zu praktischen Lösungen zu weisen.

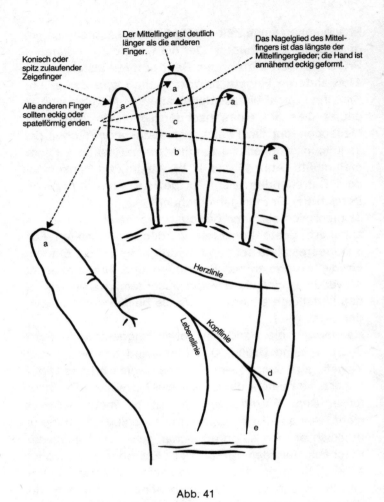

Abb. 41

Berufe aus Forschung und Wissenschaft

Wir haben schon untersucht, welche Handzeichen *schöpferische Phantasie* enthüllen, und wissen, daß diese für alle Berufe im Bereich von Kunst, Literatur und Forschung unerläßlich ist (Kapitel VIII, Seiten 78 ff.; Abb. 41 *d*).

Intuition verrät – auch das haben wir schon gesehen – die sogenannte *Intuitionslinie,* die auf dem unteren Teil des Mondbergs beginnt und dem Merkurberg, der Erhöhung unter dem kleinen Finger, zustrebt, nachdem sie die Kopf- und die Herzlinie durchschnitten hat (Abb. 41 *e*).

Ob die geistigen Voraussetzungen vorhanden sind, um das für eine bestimmte Forschungstätigkeit notwendige Wissen zu erwerben, symbolisiert eine lange, klar gezeichnete (nicht zu breite und nicht zu schmale) *Kopflinie,* die zum Mondberg abfällt und gegabelt endet (Abb. 41 *d*).

Wer sich für den Beruf des Forschers eignet, sollte diese hier genannten wichtigen Fähigkeiten bzw. die entsprechenden Handzeichen besitzen.

Doch die Forschung ist ein weites Feld. Daher empfiehlt es sich wohl, diese Analyse weiterzuführen und zu versuchen, die einzelnen Forschertätigkeiten chirologisch noch genauer gegeneinander abzugrenzen. Relativ einfach ist dies für folgende Berufe:
- naturwissenschaftliche Forschung,
- medizinische und pharmakologische Forschung,
- Ingenieur,
- Detektiv.

Naturwissenschaftliche Forschung (Abb. 42)

Neben den zu Beginn dieses Kapitels untersuchten Merkmalen sind bei allen Personen, die sich besonders für den Beruf des naturwissenschaftlichen Forschers eignen, im allgemeinen folgende Handformen, Proportionen und Handzeichen zu erkennen:
- Das *Nagelglied des Ringfingers* ist länger als die beiden anderen Glieder (Abb. 42 *a*): Dies zeigt an, daß eine Begabung für ein wissenschaftliches Studium und eine Forschungstätigkeit vorhanden ist.
- *Das Mittelglied des kleinen Fingers* ist länger als die beiden anderen Glieder (Abb. 42 *b*): Anzeichen für Beharrungsvermögen und Ausdauer, die den wissenschaftlichen Forscher auszeichnen.
- *Das Nagelglied des Mittelfingers* ist spatelförmig (Abb. 17) und ungewöhnlich lang (Abb. 42 *c*): Praktische Intelligenz ist vorhanden, die der wissenschaftliche Forscher natürlich ebenso wie jeder Ingenieur, Architekt und vor allem jeder Konstrukteur haben sollte.
- Auf dem *Merkurberg,* der Erhöhung unter dem kleinen Finger, sind zwei parallele Linien zu erkennen, die von der Basis des kleinen Fingers der Handmitte zustreben, ohne diese jedoch zu erreichen (Abb. 42 *d*): Dieses Zeichen spricht eindeutig für das logisch-rationale Denkvermögen (Pascals »geometrischen Sinn«) und die wissenschaftliche Begabung des Betreffenden, vor allem wenn beide Linien klar und deutlich gezeichnet sind.

Ist außerdem noch an einem oder mehreren Fingern der sogenannte »praktische Knoten« zu finden (Abb. 42 *e*)

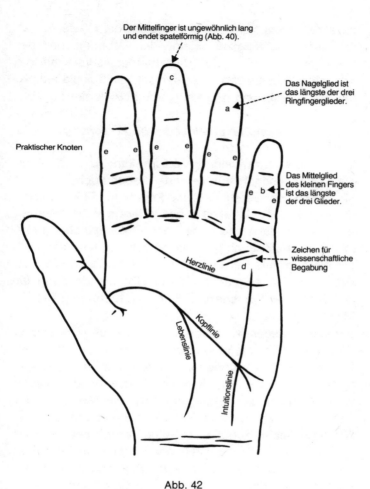

Abb. 42

Naturwissenschaftlicher Forscher

Abb. 42 ergänzt die Abb. 40 und 41; diese sollten daher zuerst betrachtet werden.

(das heißt eine Verdickung zwischen dem Gelenk, das Grund- und Mittelglied miteinander verbindet, und der Fingerspitze), so ist der Betreffende weniger für die abstrakte Wissenschaft (Mathematik) als für die experimentelle Forschung (Physik, Chemie, Biologie) begabt.

Medizinische und pharmakologische Forschung

Im heutigen Entwicklungsstadium kann die chirologische Wissenschaft nur vermuten, aber noch nicht mit Sicherheit behaupten, daß eine Person für eine medizinische Forschungstätigkeit in besonderem Maße geeignet ist, wenn in der Hand neben den »Heilstigmata« (Seite 68, Abb. 24–27) auch jene Handzeichen erkennbar sind, die die spezielle Berufung zum Forscher symbolisieren (Abb. 41). Sicher jedoch ist der Betreffende dann für den Beruf des Forschers und den Arztberuf in gleichem Maße talentiert.
Vorläufig müssen wir davon ausgehen, daß sich jemand durchaus zum medizinischen Forscher eignen kann (wobei es sich hier übrigens meistens nur um ein Teilgebiet der Biologie, Physik oder Chemie handelt), auch wenn er nicht die Befähigung bzw. die Neigung oder Berufung in sich fühlt, andere Menschen zu pflegen.
Solange dieser Punkt nicht näher ergründet ist, sind also unserer Meinung nach der forschende Mediziner und mehr noch der forschende Pharmakologe jenem Forscher gleichzusetzen, der für die experimentelle Wissenschaft begabt ist (Physik, Chemie, Biologie usw.) (Abb. 41 und 42).

Ingenieur (Abb. 43)

Häufig wird vergessen, daß ein wirklich guter Ingenieur – ungeachtet seines Fachgebiets (Mechanik, Elektronik, Elektrotechnik, Maschinenbau, Hoch- und Tiefbau usw.) – gleichzeitig auch Erfinder und Forscher sein sollte.
Er muß also auch alle jene Fähigkeiten vorweisen können, die für den Forscher charakteristisch sind: Beobachtungsgabe, Konzentrationsfähigkeit und Ausdauer, schöpferische Phantasie, Intuition und natürlich die geistigen Voraussetzungen zum Erwerb spezieller Fachkenntnisse (Abb. 41 und Seiten 97 ff.).
Neben diesen Fähigkeiten sollten noch logisch-rationales Denkvermögen, eine gute praktische Begabung und manuelle Geschicklichkeit vorhanden sein – wobei letztere je nach Praxisnähe oder -ferne des Berufs nicht unbedingt erforderlich ist.
Wie wir schon gesehen haben, wird logisch-rationales Denkvermögen, der sogenannte »geometrische Sinn«, durch zwei kleine parallele Linien symbolisiert, die auf dem Merkurberg unter dem kleinen Finger liegen und der Handmitte zustreben, ohne diese jedoch zu erreichen (Seite 102 und Abb. 43 *a*).
Eine annähernd quadratisch geformte Hand (Abb. 4) zeigt Sinn fürs Praktische an. Personen mit spatelförmiger Mittelfingerspitze (Abb. 43 *b*) und dem sogenannten »praktischen Knoten« (Abb. 43 *c*) an allen anderen Fingern (außer vielleicht dem Zeigefinger), sind nicht nur praktisch veranlagt, sondern auch intelligent. Die eher langgestreckte Hand gibt zu der Befürchtung Anlaß, daß wir es hier mit einem Phantasten zu tun haben, der von unmöglichen Entdeckungen träumt. Ein Ingenieur mit

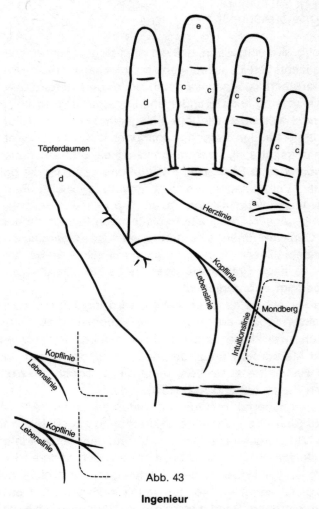

Abb. 43

Ingenieur

Abb. 43 ergänzt die Abb. 40 und 41; diese sollten daher zuerst betrachtet werden. Die Kopflinie kann ebenfalls wie nebenstehend gezeigt verlaufen.

breiter Hand (Abb. 5) sollte besser im Freien und nicht in einem Büro arbeiten. Manuelle Geschicklichkeit, die für den Ingenieur zwar nicht unbedingt erforderlich, doch sicher nützlich ist, verrät – wie bei der Chirurgenhand – ein Zeigefinger mit langem oder besser noch spatelförmigem Mittelglied (Abb. 29 und 43 d) und/oder eine lange, kräftige, spatelförmige Daumenspitze (»Töpferdaumen«) (siehe Seite 88 und Abb. 43 d).

Detektiv

Die Berufe des Detektivs und Forschers haben einiges gemeinsam; denn der Detektiv »forscht« nach Beweisen, Zeugen, Verbrechern, Motiven. In seiner Hand sollten von den chirologischen Merkmalen des Forschers vor allem die Symbole für Phantasie, Intuition und Beobachtungsgabe (Abb. 41) zu finden sein.

Nicht erforderlich sind:
– mathematisch-wissenschaftliches Denken (siehe Seite 102 und Abb. 42 d), obwohl die Arbeit des Detektivs auch dadurch heute wesentlich erleichtert wird, da Fahndungsmethoden und Fahndungsmittel vor allem auf elektronischem Gebiet immer komplizierter werden;
– der »praktische Knoten« (Abb. 42 e); allerdings sollte die Hand quadratisch geformt sein (Abb. 4).

Ein guter Detektiv braucht jedoch unbedingt eine gehörige Portion *Ausdauer*. Darüber gibt uns der Daumen Aufschluß: Das Nagelglied ist dann im unteren Abschnitt, jedoch oberhalb des Endgelenks, besonders kräftig entwickelt (Abb. 44); man spricht in diesem Fall vom »geduldigen Daumen«.

Abb. 44

X. Geistliche Berufe

Wer sein Leben der Religion weiht, hat wohl kaum eine berufliche Karriere im Sinn. Dies wäre einfach paradox – obwohl uns die Geschichte manches Beispiel dafür liefert, daß Diener der Kirche mehr an den eigenen materiellen Erfolg dachten und weniger daran, Gott zu dienen. Doch wollen wir diese einmal ganz beiseite lassen und uns nur mit jenen befassen, die sich wahrhaft berufen fühlen, ganz gleich welcher Religion sie angehören.
Natürlich muß ein Weltgeistlicher (Pfarrer usw.) andere Eigenschaften und Fähigkeiten haben als der Ordensgeistliche, der im Kloster lebt. Und andererseits braucht ein Religionslehrer oder Laienprediger nicht alle Fähigkeiten, die von einem Diener Gottes – dem Welt- ebenso wie dem Ordensgeistlichen – erwartet werden; doch um das Wort Gottes erklären zu können, muß er unbedingt rednerisch begabt sein.
Daher wollen wir hier getrennt untersuchen, welche Fähigkeiten bzw. Handzeichen der Weltgeistliche, diese verschiedenen geistlichen Berufe besitzen sollten.

Weltgeistlicher: Pfarrer, Missionar, Diakon und so weiter

Jeder Weltgeistliche sollte – ungeachtet der Religionszugehörigkeit – folgende Fähigkeiten haben:

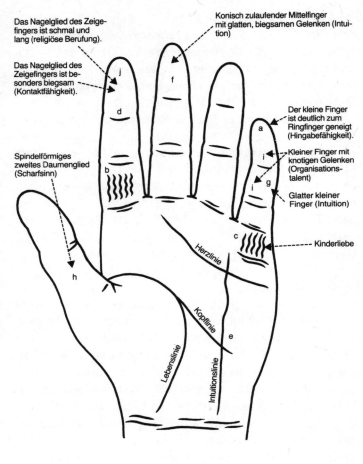

Abb. 45

Weltgeistlicher

1. Hingabefähigkeit:
Wie wir schon bei der Krankenschwester gesehen haben (Seite 76), ist Hingabebereitschaft an der deutlichen Neigung des kleinen Fingers zum Ringfinger zu erkennen. Je stärker der kleine Finger geneigt ist, desto selbstloser handelt der Betreffende, ja in seiner Uneigennützigkeit kann er bis zur Selbstaufopferung gehen (Abb. 45 a). Ein weiteres Zeichen der Hingabefähigkeit sind klar gezeichnete, tief eingekerbte Rillen auf dem Grundglied des Zeigefingers (Abb. 45 b).
Und schließlich verraten senkrechte Linien auf dem Merkurberg (siehe Seite 76 und Abb. 45 c) die besondere Zuneigung und Liebe zu Kindern. Geistliche, die dieses Zeichen besitzen, sind also speziell für die Betreuung und Erziehung von Kindern geeignet.

2. Kontaktfähigkeit:
Die wichtigste Aufgabe des Geistlichen besteht wohl darin, die seelischen Nöte seiner Schäfchen zu lindern, und er muß ihnen viel Verständnis entgegenbringen, um Zugang zu ihnen zu finden. Betrachten wir das Nagelglied des Zeigefingers: Läßt es sich besonders gut biegen (siehe Seite 56 und Abb. 20), so begegnet der Diener Gottes anderen Menschen mit Takt und Feingefühl und flößt ihnen Vertrauen ein. Er eignet sich also gut für das Amt des Gemeindepfarrers, vor allem in großen Städten, wo soziale und materielle Verhältnisse und die Menschen sehr unterschiedlich sind (Abb. 45 d).

3. Intuition:
Intuition ist zwar nicht unbedingt erforderlich, doch wer intuitiv begabt ist, versteht leichter, was andere nicht

klar ausdrücken können, und kann also besser helfen. Wie wir schon mehrmals festgestellt haben, weist vor allem die sogenannte Intuitionslinie (Abb. 45 e) auf eine gute Intuition hin; außerdem ein konisch zugespitzter Mittelfinger mit glatten, biegsamen Gelenken (Abb. 45 f) und ein besonders glatter kleiner Finger (Abb. 45 g).

4. Scharfsinn:
Ebenso hilfreich für die Lösung schwieriger theologischer Probleme (Kasuistik) wie bei moralischen oder materiellen Problemen der Gemeinde und ihrer einzelnen Mitglieder. Scharfsinn verrät eine spindelartige Verjüngung des zweiten Daumengliedes (Abb. 22 und 45 h).

5. Organisationstalent:
Für den Weltgeistlichen bedeutet dies die Fähigkeit, die ihm zur Verfügung stehenden, oft begrenzten Mittel bestmöglich einzusetzen und die ihm anvertraute Gemeinschaft so harmonisch wie möglich zu leiten. Dazu gehört vor allem die Verwaltung des Gemeindebesitzes, die Verwaltung der Kirche, der Gottesdienst, die religiöse Erziehung der Kinder, die Betreuung der Kranken, Alten und Schwachen usw.
Ein guter Organisator ist an einem kleinen Finger mit knotigen Gelenken zu erkennen, die Fingerspitze ist vorzugsweise spatelförmig (Abb. 45 i). Organisationstalent (ein knotiger kleiner Finger) und Intuition (ein glatter kleiner Finger) liegen hier offensichtlich miteinander in Widerstreit, doch ist wohl alles nur eine Frage des rechten Maßes, zumal für die intuitive Begabung in erster Linie die sogenannte »Intuitionslinie« und weniger ein glatter kleiner Finger ausschlaggebend ist.

Ein gutes Gleichgewicht zwischen Intuition und Organisationstalent ist wohl dann vorhanden, wenn neben der Intuitionslinie (Abb. 45 e) als Begleitzeichen ein glatter konischer Mittelfinger (Abb. 45 f) und ein kleiner Finger mit knotigen Gelenken (Abb. 45 i) zu erkennen sind; vor allem wenn der Betreffende im Verhältnis zu seiner Körpergröße sehr große Hände hat. Dies verrät eine manchmal etwas übertriebene Liebe fürs Detail. Und besteht die Verwaltung und Leitung einer religiösen Gemeinschaft nicht etwa aus vielen Details, in denen sich das tägliche Leben widerspiegelt?

6. Religiöse Berufung:
Wer sich zum Diener Gottes berufen fühlt, hat nach alter chirologischer Tradition einen Zeigefinger mit schmalem, langem Nagelglied (Abb. 45 j). Doch hat die moderne Chirologie herausgefunden, daß auch Personen mit nicht-religiösen Berufen dieses Zeichen besitzen, nämlich Personen, die sich für die sogenannten »Public-Relations«-Berufe eignen.
Sagen wir also besser mit der modernen Chirologie, daß ein langes, schmales Nagelglied die Fähigkeit, mit anderen Menschen in Kontakt zu treten, anzeigt; und diese Kontaktfähigkeit ist für jeden Weltgeistlichen unerläßlich (siehe 2.). In diesem Punkt nähern wir uns also wieder der traditionellen Chirologie, wenn auch mit einigem Vorbehalt. Im übrigen glauben wir, daß die religiöse Berufung ein Impuls der Seele ist und wie diese selbst nicht faßbar. Nur wer diese religiöse Berufung in sich fühlt, kann ihre Intensität ermessen.
Immerhin gilt es als ein deutliches Anzeichen dieser Berufung, wenn Nagel- und Mittelglied jeweils wesent-

lich länger sind als das Grundglied oder, genauer ausgedrückt, wenn das dritte Glied eines Fingers nicht die mittlere Länge des zweiten und ersten Gliedes erreicht.

Ordensgeistlicher

Wenn der Beruf des Ordensgeistlichen auch heute bei der Berufswahl nicht mehr die Rolle spielt wie in früheren Jahrhunderten, so wollen wir ihn doch bei der chirologischen Analyse nicht übergehen, da einige interessante Zeichen in der Hand auf ihn hinweisen.
Hier sind vor allem die sogenannten kontemplativen Orden gemeint, die den Mönch oder die Nonne verpflichten, ihr ganzes Leben hinter Klostermauern zu verbringen. Wir wollen uns also nicht mit jenen Orden befassen, deren Mitglieder außerhalb des Klosters leben, dort mehr oder weniger weltlichen Tätigkeiten nachgehen und neben religiöser Berufung noch andere Fähigkeiten besitzen müssen, um diese Berufe ausüben zu können (zum Beispiel im sozialen Dienst eingesetzte Ordensschwestern, Diakonissen usw.).
Wer in klösterlicher Abgeschiedenheit leben will, muß nicht nur religiöse Berufung in sich fühlen, sondern auch den Hang zur Einsamkeit, oder sollte zumindest stark genug sein, um dieses Leben ertragen zu können, ohne darunter zu leiden. Vor allem aber ist eine tiefe mystische Veranlagung erforderlich, das heißt dieser Mensch muß das heftige Verlangen in sich spüren, all sein Denken stets auf Gott zu richten.
Die Neigung, abgeschieden von der übrigen Welt inmitten einer klösterlichen Gemeinschaft zu leben, die Bereitschaft, ein weltfernes Dasein zu führen, symboli-

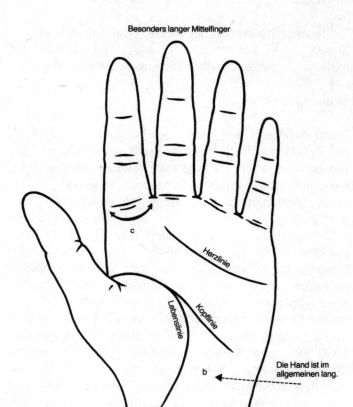

Abb. 46

Ordensgeistlicher

Abb. 46 ergänzt Abb. 45

siert ein *besonders langer Mittelfinger:* Ringfinger und kleiner Finger reichen nicht bis an die Nagelmitte des Mittelfingers (Abb. 46 a). Im Extremfall zeigt sich hier eine gewisse Menschenfeindlichkeit, die charakteristisch ist für bestimmte Menschen, welche sich erst sehr spät zu einem religiösen Leben berufen fühlen, zunächst in anderen Berufen erfolgreich tätig waren und plötzlich an einem bestimmten Punkt ihres Lebens den Entschluß fassen, sich in ein Kloster zurückzuziehen.

Doch wer das Mönchsgewand anlegen will, muß natürlich nicht unbedingt einen ungewöhnlich langen Mittelfinger haben; allerdings spricht dies für eine besondere Eignung, denn ein langer Mittelfinger verrät, daß der Mönch oder die Nonne sich ziemlich schnell mit der relativen Isoliertheit des Klosterlebens abfinden werden. Dies gilt in besonderem Maße für jene Orden, die ihre Mitglieder zu ständigem Schweigen verpflichten (z. B. Trappisten).

Wundern wir uns auch nicht darüber, daß Personen, die eine echte Berufung zum Mönchsleben in sich fühlen, sehr häufig *lange Hände* haben, was eine Neigung zur Introversion erkennen läßt, und weitaus seltener quadratische oder breite Hände, die Sinn fürs Praktische und eine eher extrovertierte Persönlichkeit symbolisieren (die Hand ist lang, wenn die Entfernung Mittelfingerbasis – erste Raszette am Handgelenk wesentlich länger ist als die breiteste Stelle der Hand, die normalerweise in Höhe des Daumengelenks gemessen wird) (Abb. 4, 5 und 46 b).

Nach der traditionellen Chirologie ist der sogenannte *Salomonsring* oder *-gürtel* das Symbol einer Veranlagung zur Mystik. Dieser Ring liegt unter dem Zeigefinger und kann den Jupiterberg ganz umkreisen (Abb. 46 c). Nicht immer bildet er eine durchgehende Linie, er kann auch aus einem oder zwei durchbrochenen, kleinen Bögen bestehen, die einander zustreben. Doch von einer echten mystischen Veranlagung kann nur dann die Rede sein, wenn eine zusammenhängende Linie wie auf Abb. 46 zu erkennen ist.

Der Salomonsring wird so genannt, weil er als Zeichen der Weisheit gilt, und zwar jener Weisheit, die die Bibel – vielleicht zu Unrecht – dem König Salomon zuschreibt. Chirologisch ist damit die Fähigkeit gemeint, den eigentlichen Sinn der Dinge und des menschlichen Lebens zu ergründen und Menschen und Dinge ständig mit dem Gedanken an Gott in Verbindung zu bringen.

Ein deutlich unter dem Zeigefinger erkennbarer Salomonsring ist auch in anderen Religionen – vor allem bei den Chaldäern und im Hinduismus – bekannt als Symbol mystischer Begabung.

Der Salomonsring kann übrigens auch in der Hand eines Weltgeistlichen zu finden sein, wenn dieser zu einer mystischen und weisen Weltsicht neigt, sowie bei jedem anderen Menschen, der sich durch eine besonders tiefe Weisheit auszeichnet.

Religionslehrer, Laienprediger

Alle Geistlichen sind aufgrund ihres Amtes dazu berufen, sich öffentlich an die Gläubigen zu wenden. Deswegen müssen sie nicht unbedingt auch gute Redner sein. Um so besser, wenn der Geistliche rednerisch begabt und nicht nur ein guter Pfarrer, sondern auch ein guter Prediger ist.

Bei Religionslehrern und Laienpredigern dagegen liegt ein größeres Gewicht ihrer beruflichen Eignung auf der rednerischen Begabung; es sollten also chirologische Zeichen vorhanden sein, die dieses Talent bezeugen (siehe Anwalt, Seite 62 und Abb. 23 *c, d, e*).

Wichtig sind neben diesen Zeichen der Beredsamkeit auch jene Merkmale, die eine religiöse Berufung symbolisieren (Abb. 45); sie sollten alle oder teilweise erkennbar sein.

XI. Berufe im politischen und administrativen Bereich

In diesem Kapitel wollen wir folgende Berufsgruppen untersuchen:
- Politiker;
- Büroangestellte und -beamte;
- Polizei und Militär;
- Führungskraft;
- Diplomatischer Dienst.

Politiker

Wer eine politische Laufbahn einschlagen möchte, sollte folgende Fähigkeiten und Eigenschaften haben:

1) Ehrgeiz:
Er sollte persönlichen Ehrgeiz entwickeln und sich mit Eifer für die Interessen der Bürger bzw. Wähler einsetzen. Ehrgeiz verrät:
- Ein auffallend langer und kräftiger *Zeigefinger* (Abb. 47 *a*), der wesentlich länger ist als der Ringfinger;
- Ein fester und stark entwickelter *Jupiterberg* unter dem Zeigefinger, der hier von allen Handbergen am deutlichsten markiert ist (Abb. 47 *b*). Auch das Grundgelenk des Zeigefingers ist stärker ausgebildet als alle anderen Gelenke und tritt am deutlichsten hervor,

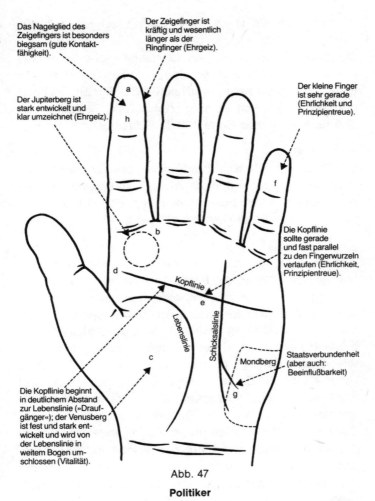

Abb. 47

Politiker

Zwecks besserer Anschaulichkeit haben wir auf dieser Abbildung die Zeichen für Intuition, Scharfsinn (Abb. 45) und Rednertalent (Abb. 23 c, d, e) weggelassen, obwohl auch diese Fähigkeiten – vor allem Beredsamkeit – dem Politiker sehr zustatten kommen.

wenn man die Hand vom Handrücken her betrachtet.
Diese beiden Zeichen sind allerdings nicht nur in der Politikerhand zu finden, sondern bei allen Personen, die Erfolg im Leben haben und sich dazu eignen, in ihrem beruflichen Bereich verantwortungsvolle Positionen zu übernehmen (siehe Seite 128 ff., Führungskräfte).

2) Vitalität:
Der Politiker sollte nicht nur Ehrgeiz, sondern auch Vitalkraft besitzen. Symbol dafür ist ein fester, gut entwickelter, deutlich erkennbarer Venusberg, den die Lebenslinie in großem Bogen umschließt (Abb. 47 c).

3) Extroversion:
Wer Politiker werden möchte, sollte eine extrovertierte, aufgeschlossene Persönlichkeit sein, eher ein »Draufgänger«, wie man im Volksmund sagt, und nicht etwa ein Träumer, der dazu neigt, sich in seiner Gedankenwelt einzuspinnen. Daher ist eine quadratische oder breite Hand besser als eine langgestreckte, denn letztere ist das Zeichen für einen introvertierten Charakter (Abb. 4 und 5). Er sollte eine Kämpfernatur sein und nicht davor zurückschrecken, sich in bestimmten Situationen wie ein Elefant im Porzellanladen zu benehmen. Dieses Talent, das anderen als Fehler angekreidet werden könnte, gereicht ihm nur zum Vorteil und ist chirologisch daran zu erkennen, daß die Kopflinie in einem deutlichen Abstand von der Lebenslinie entspringt (Abb. 47 d).

4) Überdurchschnittliche Intelligenz:
Personen mit großer Intelligenz haben eine Kopflinie, die sich fast bis zum Handrand erstreckt (Abb. 47 e).

5) Ehrlichkeit und Prinzipientreue:
Tun und Handeln des Politikers (und wir denken hier selbstverständlich an den echten Politiker und nicht an irgendeinen Hinterbänkler) sollten mit seinen Ideen und Ansichten übereinstimmen. Symbol dafür sind ein sehr gerader kleiner Finger (Abb. 47 *f*) und eine gerade, fast parallel zur Fingerbasis verlaufende Kopflinie (Abb. 47 *e*).
Ist die Schicksalslinie gegabelt und beginnt ein Ast im Mondberg (Abb. 47 *g*), so verrät dies die Bereitschaft, dem Staat zu dienen, eine Fähigkeit, die Ehrlichkeit und Prinzipientreue voraussetzt, ja noch ein wenig darüber hinausgeht. Die modernen Chirologen finden hier jedoch eine andere Deutung. Ihrer Ansicht nach läßt diese sogenannte »Einflußlinie« die leichte Beeinflußbarkeit einer Person erkennen.

6) Menschenkenntnis und Kontaktfähigkeit:
Politiker, die es verstehen, mit anderen Menschen umzugehen, sind bei Wahlen und der Ausübung ihres Mandats im Vorteil. Auch das Verhältnis zu den Wählern, den Kollegen und zur Regierung wird dadurch wesentlich erleichtert.
Symbolischer Ausdruck dieser Kontaktfähigkeit ist ein Zeigefinger mit biegsamem Nagelglied (siehe Seite 56, Abb. 20 und Abb. 47 *h*).

7) Intuition und Scharfsinn:
Zwar sind Intuition und Scharfsinn nicht unbedingt erforderlich, doch höchst nützlich, wenn es darum geht, die materiellen und geistigen Interessen anderer erfolgreich durchzusetzen.

Schon mehrmals haben wir gesehen, daß sich die intuitive Begabung einer Person in der sogenannten Intuitionslinie widerspiegelt sowie in einem konisch zugespitzten, knotenlosen und biegsamen Mittelfinger und auch in einem sehr glatten kleinen Finger. Ist das zweite Daumenglied spindelartig verjüngt (siehe Abb. 22), so verrät dies ganz besonderen Scharfsinn. Um den Leser nicht zu sehr zu verwirren, haben wir in der Abbildung der Politikerhand die chirologischen Zeichen für Intuition und Scharfsinn weggelassen, zumal wir diese schon öfters gezeigt haben (vergleiche z. B. Abb. 45).

8) Rednertalent:
Wer vor einer größeren Menschenmenge, im Parlament, bei öffentlichen Versammlungen oder in den Medien als Redner auftreten will, braucht rednerische Begabung. Schon an der Hand des Anwalts haben wir gezeigt, welche chirologischen Merkmale dieses Talent enthüllen (siehe Seite 62 und Abb. 23 *c, d, e*).

Büroangestellter und -beamter in Wirtschaft, Industrie und öffentlichem Dienst

Wir wollen uns hier nur mit den Berufen aus Wirtschaft, Industrie und öffentlichem Dienst befassen, die den Berufstätigen dazu zwingen, den größten Teil der Arbeitszeit – abgesehen vielleicht von gelegentlichen Dienstreisen – am Schreibtisch in einem Büro zu verbringen. Wir klammern also alle aus, die zwar über einen Schreibtisch verfügen, jedoch hauptsächlich in anderen Bereichen tätig sind. So arbeitet der Ingenieur nämlich in erster Linie in der Fabrik oder auf der Baustelle, der

Architekt am Zeichenbrett oder ebenfalls auf einer Baustelle. Trotzdem steht natürlich beiden ein Schreibtisch zur Verfügung, ja sie brauchen diesen sogar, um dort ihre Korrespondenz zu erledigen, zu telefonieren und ihre Akten und Unterlagen aufzubewahren. Doch zur Gruppe der Schreibtischarbeiter oder »Büromenschen« gehören sie nicht.

Wir denken also nur an Personen mit einem gewissen Bildungsgrad, die aus Lust und Neigung zu einer sitzenden Tätigkeit einen Büroberuf wählen und auch dafür geeignet sind; dazu zählt der Abteilungsleiter ebenso wie die Sekretärin. Alle jedoch, die per Zufall hinter einem Schreibtisch gelandet sind und sich dort zu Tode langweilen, wollen wir hier beiseite lassen; denn sie haben im Grunde ganz andere Neigungen und Fähigkeiten und sind nur beruflich falsch beraten worden.

Wer sich für einen so definierten Büroberuf eignet, muß folgende Fähigkeiten und Eigenschaften haben:

1) Neigung zu einer sitzenden Lebensweise:
Dies verrät eine Lebenslinie, die den Venusberg völlig umschließt (Abb. 48 *a*). Die Hand ist zumeist schlank und lang (das heißt, die Entfernung Mittelfingerwurzel – erste Raszette am Handgelenk ist größer als die Entfernung Daumenbasis – Handrand). Wir erinnern daran, daß lange Hände vor allem bei introvertierten Menschen anzutreffen sind; und gerade unter den Bürokraten sind lange, schmale Hände weit verbreitet. Leute mit sehr dynamischen, aktionsreichen Berufen haben meistens quadratische Hände. Und Personen mit breiter Hand ist unbedingt ein Leben im Freien zu empfehlen (siehe Kapitel IV und V).

Oft entsendet die Lebenslinie einen Ast zum Mondberg (Abb. 48 *b*), im allgemeinen zum unteren Bereich dieses Berges. Daraus wird ersichtlich, daß sich diese Person wohl für einen Büroberuf eignet. Es handelt sich um einen sehr häuslichen Menschen, der von Zeit zu Zeit zwar etwas Abwechslung und Bewegung braucht, doch immer wieder schnell zum gewohnten Leben zurückkehrt und dann um so bessere Leistungen vollbringt.

2) Vorliebe für Gruppenarbeit:
Bei Personen, die gern mit anderen in einer Gruppe zusammenarbeiten, ist das untere Daumenglied etwas länger als das Nagelglied (Abb. 48 *c*). Ist aber das untere Daumenglied erheblich länger als das Nagelglied, so verrät dies eine zögernde Haltung und Unentschlossenheit, typische Eigenschaften des Bürokraten, der dazu neigt, sich möglichst erst einmal für »nicht zuständig« zu erklären.
Bei leitenden Angestellten oder Beamten kann das Nagelglied auch etwas länger als das Wurzelglied sein. Ist es allerdings wesentlich länger und kräftiger, so verrät dies eine Neigung, »einsame Entscheidungen« zu treffen und im Alleingang durchzusetzen, ohne sich vorher eingehend mit anderen zu beraten. Vor allem im öffentlichen Dienst besteht hier im Extremfall die Gefahr, daß Technokraten überstürzte, unzweckmäßige oder sogar höchst gefährliche Entscheidungen treffen.

3) Ein gewisser Konservatismus:
Ist der Daumen in beiden Gelenken ziemlich starr und unbiegsam, so haben wir es hier mit einem konservativen, häuslichen Menschen, dem Typ des etwas spießi-

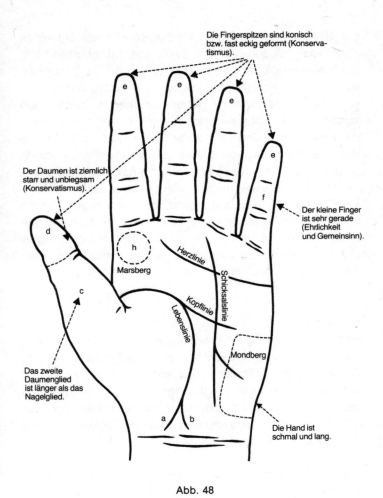

Abb. 48

Büroangestellter und -beamter

gen Stubenhockers zu tun. Und außerdem spricht vieles dafür, daß dieser Mensch zwar absolut phantasielos, doch auch seriös und zuverlässig ist und die ihm zugewiesenen Arbeiten methodisch und geduldig erledigt.

Auch die Fingerspitzen geben darüber Aufschluß, ob jemand konservativ eingestellt und darauf bedacht ist, die bestehende Ordnung zu erhalten, und ob er für die Interessen der Gruppe eintritt, der er angehört. Dies ist an der konischen, fast eckigen Form der Fingerspitzen – vor allem der Daumenspitze – abzulesen. Leute mit dieser Fingerform leisten übrigens meist auch gute Arbeit in Betriebsrat und Gewerkschaft. Sind beide chirologischen Merkmale (unbiegsamer Daumen, eckige Fingerspitzen) gleichzeitig vorhanden, so kann man kaum fehlgehen in der Annahme einer konservativen Grundeinstellung.

4) Gemeinsinn:
Besonders der Beamte sollte sich durch intellektuelle Redlichkeit und Interesse am Gemeinwohl auszeichnen. Ob er diesen Anforderungen entspricht, ist an einem sehr geraden kleinen Finger (Abb. 48 *f*) und eventuell an einer im Mondberg beginnenden Verzweigung der Schicksalslinie zu erkennen (siehe Seite 121 und Abb. 47 *g*).

Vorsicht bei folgenden Zeichen: Leute, die im Vergleich zu ihrer Körpergröße auffallend *große Hände* haben, entwickeln – wie wir gesehen haben – eine teils ganz nützliche, teils übertriebene Liebe fürs Detail. In Berufen, in denen es sehr aufs Detail ankommt, arbeiten sie sicher und zuverlässig, doch erledigen sie ihre Arbeit nur sehr langsam. Dies kann Vor- und Nachteile mit sich bringen, vor allem wenn der Betreffende hinter einem Schalter sitzt und ständig mit Publikum zu tun hat.

Vergessen wir auch nicht, daß es Personen mit besonders *knotigen Fingerendgelenken* (wenn diese nicht durch Rheumatismus, Unfall oder Krankheit entstanden sind) sehr schwer fällt, neue Ideen und die Erklärungen Dritter auf Anhieb zu akzeptieren. Dieser sogenannte *philosophische Knoten* (Abb. 50) ist das Symbol des Mißtrauens. Wer eine solche Hand hat, ist skeptisch und verlangt für alles Beweise. Verbindet sich Skepsis jedoch mit kritischem Bewußtsein, so ist dies durchaus positiv zu bewerten. Allerdings sollte der philosophische Knoten nicht nur am Zeigefinger zu erkennen sein, denn Skepsis kann dann leicht in Feindseligkeit ausarten. Will man unliebsame Zwischenfälle vermeiden, dürfen diese Personen auf keinen Fall ständig mit Publikum in Berührung kommen.

a Philosophischer Knoten
b Denkknoten

Abb. 50

Polizei und Militär

Der Soldat und der Polizist sind heute in vielen Fällen nichts anderes als Beamte in Uniform; die chirologischen Zeichen sind dann sehr ähnlich. Doch müssen Soldaten und Polizisten in der Ausbildung und im Einsatz auch Mut beweisen. Tapferkeit verrät ein extrem stark entwickelter, fester Marsberg (die Erhöhung zwischen der Lebenslinie und der Kopflinie, Abb. 48 *h*); klemmt man den unteren Teil des Zeigefingers der linken Hand in Höhe des Marsbergs zwischen Daumen und Zeigefinger der rechten Hand, so fühlt sich diese Stelle hart und leicht geschwollen an.

Bei Angehörigen bestimmter Sondereinheiten von Polizei und Militär sind außerdem die typischen Handzeichen der Risikoberufe zu finden (siehe Seite 42 u. 54 ff.).

Führungskraft

Mancher ist ein ausgezeichneter zweiter Mann, hat jedoch nicht die Fähigkeiten dazu, eine verantwortungsvolle Führungsposition auf höchster Ebene (im öffentlichen oder privatwirtschaftlichen, zivilen oder militärischen Bereich) zu übernehmen.
Dafür sind folgende Fähigkeiten erforderlich:
– *Das Talent, andere zu führen,* das allerdings ohne eine gehörige Portion Ehrgeiz nicht denkbar ist.
Wie beim Politiker ist auch hier der Zeigefinger häufig kräftiger und länger als der Ringfinger (Abb. 49 a). Besteht jedoch ein auffallendes Mißverhältnis zwischen beiden Fingern, so kann mit Sicherheit angenommen werden, daß der Betreffende an übersteigertem Selbstbewußtsein und übertriebenem Selbstvertrauen leidet, ja von seiner Eitelkeit schier aufgefressen wird und folglich nicht gerade der geeignete Mann für die Leitung eines großen Unternehmens oder einer wichtigen Behörde ist.
Der Jupiterberg unter dem Zeigefinger ist übergroß und fest (Abb. 49 b) und das Zeigefinger-Wurzelgelenk – vom Handrücken aus betrachtet – besonders stark entwickelt.
– *Überdurchschnittliche Intelligenz:* Die Kopflinie führt bis nah an den Handrand heran. Wie wir schon mehrmals gesehen haben, läßt sich am Verlauf bzw. der Biegung dieser Linie ablesen, ob die Person schöpfe-

rische Phantasie entwickelt und ob diese in richtige Bahnen gelenkt wird. Auf Abb. 49 c zeigen wir eine gerade, fast waagerecht verlaufende Kopflinie; der Betreffende zeichnet sich durch nüchternen Verstand aus, er ist ziemlich phantasielos und hat einzig und allein Sinn für Realitäten.

– *Schnelle Denkfähigkeit:* Wer eine Situation schnell erfassen und gewinnbringend ausnutzen soll, muß schnell denken können, ohne jedoch überstürzte, voreilige Entscheidungen zu treffen. Symbol dieser Fähigkeit ist ein spitz zulaufender kleiner Finger (Abb. 49 d).

– *Kritisches Bewußtsein:* Um aus mehreren Lösungen die richtige herausfinden zu können, ist ein gutes Urteilsvermögen erforderlich, erkennbar an den sogenannten »philosophischen Knoten«, das heißt Verknotungen am Fingerendgelenk (ausgenommen Knoten, die auf Rheumatismus, Unfall oder Krankheit zurückgehen) (Abb. 50 a).

– *Logisches Denken:* Aufschluß darüber geben die sogenannten »Denkknoten« am Mittelgelenk der Finger (außer bei Rheumatismus, Unfall oder Krankheit) (Abb. 50 b).

– *Entscheidungsfähigkeit:* das heißt die Fähigkeit, richtige Entscheidungen zu treffen, nachdem man vorher Mitarbeiter und kompetente Berater angehört und die verschiedenen Meinungen gegeneinander abgewogen hat. Dies verrät uns der Daumen, wenn das Nagelglied ebenso lang bzw. nur wenig länger ist als das zweite Glied (Abb. 49 e). Ist das Nagelglied wesentlich länger, so neigt der Betreffende dazu, allein zu entscheiden oder zieht andere nicht in aus-

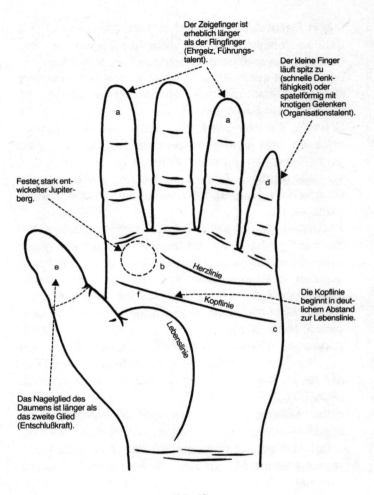

Abb. 49

Führungskraft

reichendem Maße zu Rate. Ist dagegen das zweite Glied beträchtlich länger als das Nagelglied, so ist das ebenfalls ein ungünstiges Zeichen. Man läßt sich dann zwar von anderen beraten, doch nur um nicht selbst Entscheidungen treffen zu müssen oder um diese so lange wie möglich aufzuschieben.
- *Organisationstalent:* Er muß – wie es heutzutage heißt – ein guter Manager sein. Dies symbolisiert ein kleiner Finger mit knotigen Gelenken und einer spatelförmigen Fingerspitze (Abb. 49 *d*). Bei einem eher spitzen Fingerende überwiegt das schnelle Denkvermögen, bei einem stark spatelförmigen kleinen Finger das organisatorische Talent.
- *Die Fähigkeit, schnell zu handeln,* gegebenenfalls mit Härte, ohne jedoch den Kopf zu verlieren: Zeichen dafür ist eine Kopflinie, die an ihrem Anfang in deutlichem Abstand zur Lebenslinie verläuft (Abb. 49 *f*). Dieser Abstand sollte jedoch nicht übermäßig groß sein, die Kopflinie also nicht im Jupiterberg unter dem Zeigefinger entspringen. Das würde nämlich bedeuten, daß der Betreffende brutal, unbesonnen und zum falschen Zeitpunkt handelt. Von einem verantwortungsbewußten Manager aber wird in allen Situationen Kaltblütigkeit und Selbstbeherrschung erwartet.

Die hier genannten Fähigkeiten sind für jeden wichtig, der eine verantwortungsvolle Spitzenposition innehat, für den hohen Staatsbeamten ebenso wie für den Leiter eines Unternehmens.

Natürlich können zusätzlich noch weitere Fähigkeiten vorhanden sein, die zwar nicht berufsspezifisch, doch für Führungskräfte in hohen Positionen unbedingt von Vorteil sind. Und zwar:

- Beobachtungsgabe (konischer oder spitzer Zeigefinger);
- Intuition (Intuitionslinie usw., siehe Abb. 45 *e, f, g*);
- Scharfsinn
  (spindelförmig verjüngter Daumen, Abb. 22);
- Kontaktfähigkeit (besondere Biegsamkeit des Nagelgliedes am Zeigefinger, Abb. 20);
- Ausdauer (Abb. 44).

Und natürlich gute Gesundheit und Vitalkraft! Dafür spricht ein übergroßer, fester Venusberg, der von der Lebenslinie in großem Bogen umschlossen wird (siehe Abb. 47 *c*); die Herzlinie ist klar – nicht zu breit und nicht zu schmal – gezeichnet und nicht zu tief eingekerbt. Oft ist nämlich ein Herzinfarkt der Lohn für all die vielen Sorgen und den Streß, die auf dem modernen Manager lasten.

Diplomat

Der Diplomat muß in der Lage sein, in einer schwierigen Situation durch Verhandlungsgeschick, Überredungskraft oder Druck das gewünschte Resultat zu erzielen. Keinesfalls darf er sich dabei physischer Gewalt bedienen oder gar sein Amt selbst gefährden.

Es sollten also in der Hand des Diplomaten alle Symbole zu erkennen sein, die diplomatisches Geschick enthüllen. Dies verrät zunächst einmal eine schmale (die Breite entspricht nicht der Länge) und langgliedrige Hand (die durchschnittliche Fingerlänge beträgt mehr als 85% der Handlänge, die – wie immer – zwischen Mittelfingerwurzel und erster Raszette gemessen wird; auch die Finger sind also lang).

Günstig ist es außerdem, wenn alle Finger außer dem Daumen konisch oder gar eckig zulaufen (Abb. 14 und 16); spitze Finger würden auf eine übertriebene epikureische Lebenshaltung und Willensschwäche hinweisen. Wenn allerdings die Kopflinie die Hand sehr gerade und fast parallel zur Fingerbasis durchquert, können die Finger durchaus spitz zulaufen, ohne daß die genannten negativen Eigenschaften zu befürchten sind (eine sehr gerade Kopflinie spricht für einen praktisch veranlagten, ausgeglichenen Charakter, siehe Abb. 49 c).

Schlanke, abgeschrägte Daumenspitze

Doch alle diese Merkmale reichen noch nicht aus, um eine Eignung für die diplomatische Laufbahn anzuzeigen. Wichtig ist vor allem eine sehr schlanke, abgeschrägte Daumenspitze (Abb. 51). Daran erkennt man den klugen Diplomaten, der es versteht, Probleme geschickt anzugehen und darzulegen und diese mit allen Mitteln der Kunst zu lösen, ohne Gewalt anzuwenden.

Profil

Natürlich kann ein guter Diplomat – wie wir das auch bei der Führungskraft gesehen haben – noch viele andere Fähigkeiten besitzen, die ihm in seinem Amt zustatten kommen, nämlich Beobachtungsgabe, Intuition, Scharfsinn, Kontaktfähigkeit, Audauer. Doch um den Leser nicht allzusehr zu verwirren, haben wir hier nur das angeführt, was chirologisch speziell für die diplomatische Karriere von Bedeutung ist.

Oberseite

Abb. 51

XII. Pädagogische Berufe

Zu dieser Berufsgruppe zählen wir jeden, der aus Neigung oder aufgrund besonderer Begabung andere auf einem bestimmten Gebiet, auf dem er sich spezialisiert hat, unterrichtet. Folglich ist damit nicht nur der Lehrer im üblichen Sinne gemeint (Hauptschullehrer, Gymnasiallehrer, Hoch- und Fachschullehrer), sondern auch der Ausbilder, Kursleiter, Meister oder Erzieher. Jemand kann auf seinem Gebiet durchaus ein Fachmann sein, ohne deshalb auch das Talent und die notwendige Geduld zu besitzen, *andere* in die Regeln und Geheimnisse seines Metiers einzuweisen. Daher ist es gut, wenn wir uns mit Hilfe einer einfachen Handanalyse verdeutlichen, woran die Eignung für den Lehrerberuf zu erkennen ist.

Allgemeine Kriterien für den Lehrerberuf

Nach alter Tradition geben vor allem zwei chirologische Zeichen Auskunft darüber, ob jemand wirklich zum Lehrer taugt:
– Das sogenannte *Lehrer-Viereck,* das deutlich auf dem Jupiterberg unter dem Zeigefinger eingezeichnet sein muß (Abb. 52 *a*). Dieses Viereck verrät, ob jemand das Talent hat, eigene Kenntnisse und Erfahrungen an andere weiterzugeben, und ob er die erforderliche

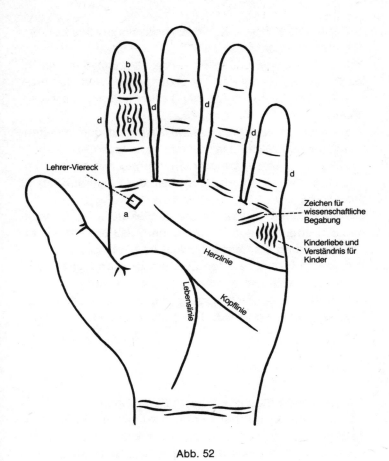

Abb. 52

Pädagogische Berufe

Geduld aufbringt, um den Anforderungen des Lehrerberufs gewachsen zu sein.
Ist der Zeigefinger außerdem extrem lang, also erheblich länger als der Ringfinger, so ist der Lehrende dazu berufen, die höchsten Stufen der Lehrerlaufbahn zu erreichen (vgl. S. 128 und Abb. 49 a).

– *Senkrechte, klar gezeichnete Rillen* auf dem zweiten und ersten Glied des Zeigefingers (auf dem Nagelglied sind diese Längslinien normalerweise nur im unteren Abschnitt, also unterhalb der Fingerabdrücke, zu finden).

Dieses Zeichen spricht für die intellektuelle Redlichkeit des Betreffenden und läßt erkennen, daß er sich seiner Verantwortung als Lehrer bewußt ist (Abb. 52 b).
Die beiden hier genannten Zeichen müssen nicht unbedingt gleichzeitig vorhanden sein; ist dies aber der Fall, so verstärken sie sich gegenseitig in ihrer Bedeutung. Das wichtigste von beiden ist jedoch das »Lehrer-Viereck«.

Lehrer im Schuldienst

Mathematisch-naturwissenschaftliche Fächer:
Wer auf dem Merkurberg unter dem kleinen Finger das Zeichen für logisch-rationales Denkvermögen – den »geometrischen Sinn« des Pascal (vgl. Seite 102) – findet, das heißt zwei parallele Linien, die von der Wurzel des kleinen Fingers der Handmitte zustreben (Abb. 52 c), ist besonders dazu geeignet, in Mathematik und naturwissenschaftlichen Fächern zu unterrichten.
Der sogenannte *praktische Knoten*, das heißt Verknotungen an den Fingern zwischen dem Gelenk, das

Grund- und Mittelglied verbindet, und der Fingerspitze, deutet an, daß sich die Person mehr zu den experimentellen Wissenschaften (Physik, Chemie, Biologie) und weniger zur Mathematik hingezogen fühlt (Abb. 52 d).

Geisteswissenschaftliche und musische Fächer:
Fehlt das Zeichen für logisch-rationales Denkvermögen (siehe Punkt 1), ist der Betreffende im übrigen aber durchaus für den Lehrerberuf geeignet, so liegt auf der Hand, daß er dann ein anderes Fach – vielleicht ein geisteswissenschaftliches oder musisches – wählen sollte.
Da die Chirologie hier bisher keine weiteren Eignungszeichen festgelegt hat, ist auf diesem Gebiet eine sichere Beweisführung nicht möglich. Doch für die Berufsberatung stellt sich eigentlich kein echtes Problem: Bis auf wenige Ausnahmen läßt sich nämlich im Leben eines Kindes frühzeitig erkennen, ob es naturwissenschaftlich begabt ist oder aber eher zu den geisteswissenschaftlichen oder musischen Fächern neigt. Hat man dieses festgestellt, so ist nur noch chirologisch zu untersuchen, ob der Betreffende wirklich Talent zum Lehrer hat.

Lehrer im freien Beruf

Wir wollen hier noch ein paar Worte über den Lehrer sagen, der nicht im Schuldienst steht und z. B. Unterricht gibt in Gymnastik, Reiten oder Schwimmen, Tanz, Gesang oder Klavierspielen usw. Für ihn gilt eine einfache, logische Grundregel, die wir nicht aus der Chirologie abzuleiten brauchen:

Jeder, in dessen Hand das Lehrer-Viereck (Abb. 52 a) und/oder die Längslinien auf dem Mittelglied und/oder Nagelglied des Zeigefingers vorhanden sind, ist besonders dazu geeignet, anderen das zu vermitteln, was er studiert oder aufgrund von Erfahrung erworben hat; Beruf und Schulbildung spielen dabei keine Rolle. So kann zum Beispiel ein guter Tänzer andere in die Tanzkunst einführen, ein Meister in der Fabrik den Arbeitern die in ihrem Fach erforderlichen Kenntnisse und Fertigkeiten vermitteln, ein Fachlehrer in einer Berufsfachschule Unterricht in bestimmten Techniken erteilen. Diese Regel ist von besonderem Interesse für alle, die im Rahmen der Volkshochschule, der beruflichen Fortbildung und der Bildungsurlaubs-Programme tätig werden wollen.

Erzieher, Kindergärtner

Pädagogen und Erzieher, die sich mehr als andere dazu eignen, Kinder zu unterrichten – also auch Kindergärtner –, sind chirologisch an einem Zeichen zu erkennen, auf das wir schon mehrmals gestoßen sind, wenn es um Kindererziehung oder Berufe ging, die Kinderliebe oder Verständnis für Kinder erfordern (siehe Seite 76). Es handelt sich um Längslinien von ungleicher Länge, die ziemlich senkrecht über der Ehelinie stehen und der Wurzel des kleinen Fingers zustreben (Abb. 52 e).

Der Klarheit und Einfachheit halber haben wir in diesem Kapitel nur die chirologischen Zeichen untersucht, die speziell die Eignung für einen pädagogischen Beruf symbolisieren. Natürlich können noch viele andere

Fähigkeiten hinzukommen, die zwar für den Pädagogen nicht unbedingt erforderlich sind, sich jedoch in jedem Beruf positiv auswirken (vergleiche zum Beispiel einige der Fähigkeiten, die im Abschnitt über Führungskräfte analysiert werden, Seite 128 ff. und Abb. 49).

XIII. Bühnenberufe

In diesem Kapitel wenden wir uns an alle, die eine Bühnen- oder Filmkarriere anstreben, also an Schauspieler, Bühnenkünstler, Gesangssolisten, Schlagersänger, Musiker, die mit ihren Darbietungen ein Publikum unterhalten wollen.
Obgleich der Bühnenberuf des Künstlers wohl einer der ältesten Berufe ist, liefern uns hier merkwürdigerweise die traditionelle und auch die moderne Chirologie kaum detaillierte Angaben. Denkt man jedoch ein wenig darüber nach, so ist dies nicht ganz so verwunderlich, wie es zunächst erscheinen mag; denn Künstler sind nun mal Individualisten und daher in ihrer Persönlichkeit sehr unterschiedlich.
Trotzdem gibt es einige Handzeichen, die z. B. schauspielerisches Talent erkennen lassen und die also in der Hand eines jeden vorhanden sein sollten, der auf diesem Gebiet Karriere machen möchte.

Schauspieler

Folgende Zeichen lassen eine Begabung für diesen Beruf erkennen:
- Der *Ringfinger,* der Sinn für Ästhetik verkörpert, ist wohlgeformt und möglichst etwas länger als der Zeigefinger; das zweite Glied ist länger als die beiden anderen Fingerglieder (Abb. 53a). Dies spricht für

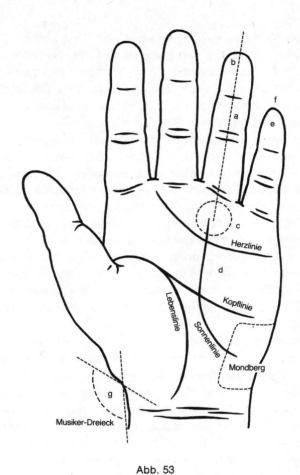

Abb. 53

Bühnenberufe

künstlerische Begabung einerseits, praktischen Sinn andererseits, der den Künstler dazu anspornt, seinen ästhetischen Empfindungen sichtbar Ausdruck zu verleihen und andere damit zu beglücken. Wir werden diesem Zeichen erneut begegnen, wenn wir auf den Beruf des Musikers zu sprechen kommen.
- Ein weiteres günstiges Zeichen ist ein *spatelförmig zulaufender Ringfinger* (Abb. 53 b). Wie wir schon beim Kunsthandwerker gesehen haben (vgl. Abb. 35), ist dies ein Beweis für sicheren Geschmack in ästhetischen Fragen. Ein Schauspieler mit spatelförmiger Ringfingerspitze hat ein gutes Gespür für die richtige Rolle bzw. das geeignete Engagement.
- Der *Sonnenberg* unter dem Ringfinger ist fest, gut ausgebildet und liegt genau unter dem Ringfinger (Abb. 53 c). Erinnern wir uns, dieser Berg symbolisiert Lebensfreude, ästhetisches Empfinden und Kunstsinn.
- Die *Sonnenlinie,* die fast immer Erfolg verheißt, ist klar gezeichnet und nimmt ihren Anfang im Mondberg. Künstlern, die direkten Kontakt zum Publikum haben, prophezeit diese Linie eine erfolgreiche Karriere (Abb. 53 d). Der Künstler hat dann nämlich das natürliche Talent, die Zuschauer oder Zuhörer zu verzaubern und ihre Aufmerksamkeit zu fesseln, ja sie erliegen seiner Faszination und es gelingt ihm sofort, alle Sympathien auf sich zu ziehen – vor allem die des anderen Geschlechts!
- Ist in der Hand des Künstlers gar der *Venusgürtel* vorhanden, so ist dies fast immer ein äußerst glückliches Vorzeichen (siehe Seite 95 und Abb. 38, 39).

Komiker, Showmaster, Conférencier

Wer einen dieser Berufe wählt, ist zunächst einmal ein Schauspieler wie jeder andere darstellende Künstler auch; daher ist es gut, wenn er die entsprechenden Handzeichen hat (siehe Seite 140 ff.).
Doch was ihn speziell von allen anderen unterscheidet, ist ein unbestreitbares komisches Talent und Sinn für Humor.
Komisches Talent verrät ein *kurzer, kleiner Finger*. Normalerweise reicht die Spitze des kleinen Fingers bis an die Wurzel des Ringfingernagels; kurz ist ein kleiner Finger zu nennen, wenn er etwa in Höhe der Nagelgliedmitte oder gar noch tiefer aufhört. Dies spricht für die lebhafte komische Begabung, die Pfiffigkeit und Schalkhaftigkeit des Künstlers (Abb. 53 e).
Sinn für Humor, die Fähigkeit, andere und sich selbst geistreich, doch ohne Schärfe zu kritisieren, Kritik als Lob zu verbrämen oder ironisierend auszudrücken – darüber gibt uns ebenfalls der kleine Finger Auskunft. Ist dieser nämlich nicht nur kurz, sondern auch konisch zugespitzt, so offenbart sich uns hier ein ausgeprägter Sinn für Humor (Abb. 53 f).

Regisseur

Ein guter Regisseur sollte im wesentlichen dieselben künstlerischen Talente und Anlagen haben wie ein Schauspieler (siehe Seite 140 ff.). Noch wichtiger jedoch sind jene Fähigkeiten, die jeder besitzen sollte, der eine verantwortungsvolle Position innehat und sich erfolgreich bei anderen durchsetzen muß (siehe Seite 128 ff.).

(Wir meinen hier natürlich nur den für seinen Beruf begabten Regisseur und nicht all jene, die sich fälschlicherweise dafür halten.)

Musiker

Seit undenklichen Zeiten gilt es in der Chirologie für sicher, daß folgende Handzeichen die Disposition zu einer Musikerkarriere erkennen lassen:
- das *Musiker-Dreieck:* Dieses Dreieck wird von zwei gedachten Linien gebildet; eine Linie verläuft tangential zur Daumenwurzel, die andere in der Verlängerung des Handgelenks (Abb. 53 g). Je geschlossener dieses Dreieck ist, desto mehr Musikverständnis ist vorhanden.

Wer dieses Zeichen besitzt, hat die angeborene Gabe, Musik zu verstehen und zu genießen, und ist eventuell sogar in der Lage, eigene Werke zu komponieren.
- der *Tautropfen:* Dieser Ballen an der Innenseite der Fingerspitzen verrät, ob jemand Talent dazu hat, ein Instrument zu erlernen (vgl. auch Seite 92 und Abb. 37).

Günstiger noch ist wohl folgendes Zeichen: Wer Gitarre spielen möchte, dessen rechter Daumen sollte im Nagelglied sehr geschmeidig sein und sich weit nach außen biegen lassen (vgl. Abb. 19 a).

Rhythmisches Gefühl – ebenso wie tänzerische Begabung – verrät ein fester und gerade zum Handgelenk abfallender Mondberg (vgl. Abb. 6).

Wer den Ehrgeiz hat, seine musikalische Begabung durch Auftritte vor einem Publikum (öffentliche Konzerte) beruflich zu verwerten, sollte in seiner Hand natürlich auch die Merkmale des guten Schauspielers erkennen lassen (siehe Seite 140 ff.).

Dirigent

Besitzt jemand musikalisches Talent (siehe Musiker) und Führungsqualitäten (siehe Seite 128 ff.), so wird aus ihm aller Wahrscheinlichkeit nach ein guter Dirigent oder Konzertmeister.

Gesangssolist

Wer Sänger werden will, muß eine schöne Stimme haben – das ist wohl eine absolute Binsenwahrheit! Obwohl bei der modernen Verstärkertechnik heutzutage eigentlich nur noch der Opernsänger Stimme braucht – und selbst der nicht mal! Und um festzustellen, ob jemand singen kann, braucht man nun wirklich keinen Chirologen. Allerdings ist dieser wieder dann von Nutzen, wenn man nach Fähigkeiten forscht, die künftigen Erfolg garantieren: nämlich ob jemand ein gutes Musikverständnis hat und die Kunst beherrscht, das Publikum zu fesseln (siehe Musiker und Schauspieler).

XIV. Berufe aus der Welt der Finanzen und Geschäfte

Dieses Kapitel befaßt sich mit jenen Berufen, in denen es – um es einmal ganz ordinär zu sagen – in erster Linie darum geht, »Geld zu machen«. Es wendet sich also besonders an alle, die im Bereich von Handel und Verkauf tätig sind, ja praktisch an jeden, dessen Hauptanliegen das Streben nach Profit ist.
Wir hoffen, folgende Frage beantworten zu können: Wie kann mit Hilfe der Chirologie festgestellt werden, ob jemand zum Geschäftsmann taugt?

Geschäftsleute im allgemeinen: Kaufmann, Händler, Bankier und so weiter

Das Talent, Geld zu verdienen, setzt Fähigkeiten voraus – für andere sind dies eher Fehler –, die durch bestimmte Handzeichen symbolisiert werden. Wir meinen damit folgende Fähigkeiten beziehungsweise Symbole:

1) Unabhängigkeitsliebe und Verantwortungsfreudigkeit:
Darüber gibt ein langer, schön gebildeter, breiter Daumen Aufschluß, dessen Nagelglied länger ist als das zweite Glied (Abb. 54 a, b). Zeichnet sich der Daumen außerdem noch durch besondere Geschmeidigkeit aus,

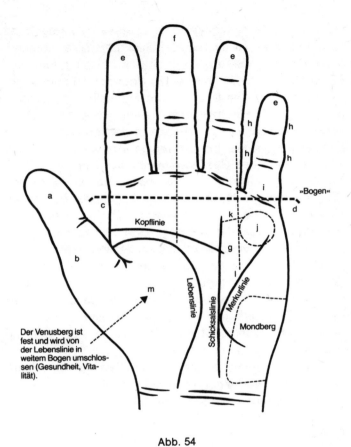

Abb. 54

Geschäftsmann/-frau

läßt sich also das Nagelglied weit nach außen biegen, so spricht dies für taktisches Geschick und Zielstrebigkeit, ja eine gewisse Skrupellosigkeit des Betreffenden.
Es ist sicher schwer, hier einen Unterschied zum sogenannten Gitarristen-Daumen mit ebenfalls sehr biegsamen Nagelglied festzustellen (siehe Seite 144). Doch eine Verwechslung ist absolut nicht möglich, da die Hand des Musikers, bis auf wenige Ausnahmefälle, stark von der Hand des Geschäftsmanns abweicht.
Die Geschmeidigkeit des Daumens und vor allem des Daumennagelglieds kann durch folgendes Begleitzeichen ergänzt oder ersetzt werden: Die Ansatzlinie der unteren Fingerglieder, der sogenannte »Bogen«, verläuft gradlinig (Abb. 54, Linie *cd*; die Ansatzlinie verbindet alle Fingerwurzeln – außer der Daumenwurzel – miteinander). Personen mit gerader Ansatzlinie haben ein übersteigertes Selbstbewußtsein und neigen dazu, den Wert der eigenen Person, das eigene Urteilsvermögen und Können zu überschätzen, was zu einem ziemlich aggressiven Verhalten führen kann.
Zweifellos haben wir es hier mit dem Typ des »Draufgängers« zu tun, vor allem wenn Kopf- und Lebenslinie am Anfang getrennt verlaufen (Abb. 54).

2) Praktischer Sinn:
Sind die Hände quadratisch (Abb. 4) oder breit (Abb. 5), die Finger – besonders der Mittelfinger – ziemlich kurz und breit (jedoch nicht dick, keine sogenannten Wurstfinger), so erhalten wir einen Hinweis darauf, daß diese Person eine materialistische Lebensauffassung vertritt und – was sich durchaus nicht widerspricht – Sinn für Komfort hat (Abb. 54).

3) Ein gutes Urteilsvermögen in geschäftlichen Dingen:
Diese Fähigkeit ergänzt die praktische Veranlagung und zeigt sich in vorzugsweise eckigen Fingerenden (Abb. 54 e). Noch günstiger ist ein Mittelfinger mit spatelförmigem Nagelglied (Abb. 54 f).

4) Fachverstand:
Darunter ist nicht unbedingt Intelligenz ganz allgemein zu verstehen, die Fähigkeit, Menschen und Dinge in ihrer Vielfalt zu begreifen. Nicht selten trifft man auf Geschäftsleute, die uns außerhalb ihres Fachbereichs reichlich dumm, borniert und unkultiviert vorkommen. Doch auf ihrem Gebiet sind sie unschlagbar. Menschen mit dieser etwas einseitigen Intelligenz haben eine gerade Kopflinie, die getrennt von der Lebenslinie verläuft und nicht sehr lang ist; sie hört im Bereich zwischen Mittel- und Ringfinger auf (Abb. 54 g).

5) Organisatorische Begabung oder – wie man heute sagt – Managertalent:
Organisationstalent ist vor allem dann erforderlich, wenn es sich um ein bedeutendes Unternehmen oder Geschäft handelt. Ein kleiner Finger mit knotigen Gelenken ist der symbolische Ausdruck dafür (Abb. 54 h).

6) Liebe zum Geld:
Das Verlangen nach finanziellem Gewinn stachelt dazu an, gewohnte Pfade zu verlassen, ein Geschäft zu gründen und aufzubauen, um es so zu Wohlstand oder gar Reichtum zu bringen. Folgende Handzeichen enthüllen, ob es jemand nach viel Geld gelüstet:

- Das Grundglied des kleinen Fingers ist länger als die beiden anderen Glieder (Abb. 54 *i*).
- Der Merkurberg unter dem kleinen Finger ist fest, deutlich hervortretend und übergroß (Abb. 54 *j*).

Man kann das Geld durchaus achten und sogar damit handeln, ohne gleich von Geldgier besessen zu sein. Es ist also nicht weiter verwunderlich, daß die beiden genannten Zeichen (langes Grundglied am kleinen Finger; übergroßer Merkurberg) häufig in der Hand jener Personen zu finden sind, die sich für den Beruf des Bankiers, Börsenmaklers oder Devisenhändlers eignen.

Wenn ein Ast der Schicksalslinie dem Merkurberg zustrebt (Abb. 54 *k*), so kann die Liebe zum Geld, zum Laster oder gar zur strafbaren Handlung werden (Geiz, Wucher).

7) Glück in geschäftlichen Angelegenheiten:
Das kann zwar nie schaden, reicht aber nicht aus, um geschäftlichen Erfolg zu garantieren. Denn Glück allein führt nicht zum Erfolg. Andererseits sind manche Menschen, die eigentlich alle Fähigkeiten dazu hätten, es geschäftlich zu etwas zu bringen, geradezu vom Pech verfolgt.

Persönlich sind mir manche Menschen begegnet, die zwar in jeder Hinsicht beruflich qualifiziert waren, doch ständig geschäftlichen Mißerfolg erlitten, da es ihnen an diesem Glück fehlte. Und ihre Freunde, kluge und erfolgreiche Männer, sagten von ihnen mit der ernsthaftesten Miene der Welt: »Sie sind und bleiben halt ewige Pechvögel. So ist das nun mal im Leben. Da kann man nichts machen.«

Ob jemandem Glück beschieden ist, verrät nach alter chirologischer Tradition die sogenannte *Geschäftslinie*, eine Variante der Merkurlinie. Wir erinnern daran, daß die Merkurlinie an irgendeiner Stelle der Hand entspringen kann, sich jedoch stets dem Merkurberg zuwendet. In diesem Fall beginnt sie im Mondberg, berührt die Schicksalslinie und endet unter dem kleinen Finger (Abb. 54 *l*).

Geschick und Gespür für große Geldgeschäfte ist vorhanden, wenn neben dieser »Geschäftslinie« eine lange, kräftige und klar gezeichnete Kopflinie zu erkennen ist.

Natürlich sollte jeder Geschäftsmann auch eine exzellente Gesundheit und starke Vitalität besitzen. Symbol dafür ist ein übergroßer und fester Venusberg, der von einer schön gezeichneten Lebenslinie in weitem Bogen umschlossen wird (Abb. 54 *m*).

Vom Glück begünstigt sind auch alle, die in ihrer Hand eine etwas in Richtung Merkurberg abweichende Sonnenlinie erkennen können (wir erinnern daran, daß die Sonnenlinie an irgendeiner Stelle der Hand beginnen kann, um dann im Sonnenberg unter dem Ringfinger zu enden). Dies gilt speziell für Berufe, die eine besondere Koordinationsfähigkeit zwischen Kopf- und Handarbeit verlangen, z. B. Architekten und technische Zeichner (Abb. 55 *a*).

Übrigens: Betrachten Sie einmal Ihre Sonnenlinie! Beginnt sie mitten im Mondberg, so ist nach alter Wahrsagertradition mit einer großen Erbschaft zu rechnen. Wir wünschen es Ihnen!

Besondere Fälle:

Lebensmittelhändler

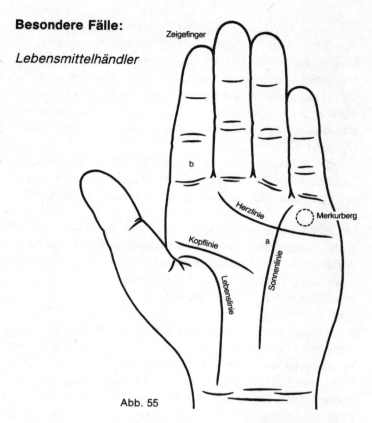

Abb. 55

Ist das Grundglied des Zeigefingers auffallend groß und kräftig (Abb. 55 *b*), so eignet sich diese Person besonders für Berufe, die unmittelbar der Befriedigung materieller Grundbedürfnisse dienen, speziell für Berufe aus dem Bereich des Nahrungsmittelgewerbes (Lebensmittelhandel, Gaststättengewerbe, Fleischerei usw.). Natürlich sollten außerdem auch die meisten der anfangs beschriebenen Handzeichen vorhanden sein.

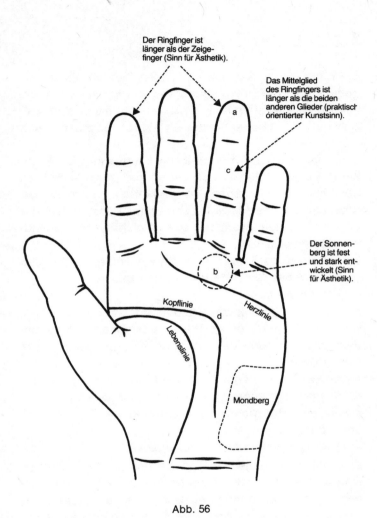

Abb. 56

Kunst- und Antiquitätenhändler

Kunst- und Antiquitätenhändler

Ein Kunst- oder Antiquitätenhändler handelt mit Kunstgegenständen. Er muß also etwas von Kunst verstehen, zumindest von jenen Kunstobjekten, auf die er sich spezialisiert hat. Und er sollte ein kluger Geschäftsmann sein.

Wer zwar Kunstsinn, doch keine kaufmännische Begabung besitzt, eignet sich wohl nur zum schlichten Sammler. Wer dagegen ein gewandter Kaufmann ist, doch bar jeglichen ästhetischen Empfindens, ist halt nur ein simpler Ladenbesitzer, der sich nicht als Kunsthändler bezeichnen kann.

Ein guter Kunst- oder Antiquitätenhändler sollte also logischerweise folgende Fähigkeiten haben:

– *Sinn für Ästhetik:*

Nur wenn er Sinn für das Schöne hat, ist er in der Lage, wertvolle Objekte von wertlosem Plunder zu unterscheiden, und hat auch den richtigen Riecher dafür, diese aufzustöbern.

Ästhetisches Empfinden verraten ein schön geformter Ringfinger, der länger ist als der Zeigefinger (Abb. 56 *a*), sowie ein übergroßer, gut entwickelter Sonnenberg unter dem Ringfinger (Abb. 56 *b*).

– *Praktischen Sinn fürs Geschäftliche:*

Wer mit Kunstgegenständen handelt, sollte künstlerische Interessen praktischen Notwendigkeiten unterordnen können. Es genügt nämlich nicht, einen seltenen Gegenstand zu erwerben; man muß auch wissen, wann, wem und zu welchem Preis man ihn wieder verkaufen kann.

Darüber gibt uns der Ringfinger Aufschluß: Das Mittelglied muß länger sein als die beiden anderen Fingerglieder (Abb. 56c).

Doch sollte noch ein weiteres Zeichen in der Hand des Kunst- oder Antiquitätenhändlers erkennbar sein: nämlich eine *Kopflinie,* die zunächst bis zu einem gewissen Punkt in Höhe des Ringfingers gerade verläuft, dann jedoch deutlich nach unten abfällt (Abb. 56 d). Dies ist ein zusätzlicher Beweis dafür, daß er in seinem Beruf Kunstverständnis und Sinn für das Geschäftliche miteinander zu vereinbaren weiß.

Nicht zu verwechseln mit dem Kunst- oder Antiquitätenhändler, der kauft, um wieder zu verkaufen, ist der kluge Sammler, der schöne Dinge erwirbt, um sie zu behalten. Nach alter chirologischer Tradition verrät ein kurzes, kräftiges Grundglied des kleinen Fingers die Veranlagung zum Sammler.

Das Sammeln kann zur Leidenschaft werden, wenn sich ein Ast der Schicksalslinie dem Merkurberg zuwendet (Abb. 54 k). Und wie wir schon gesehen haben, ist ein zum Merkurberg aufsteigender Ast bei Personen ohne künstlerisches Empfinden der symbolische Ausdruck für Geldgier (siehe Seite 150).

XV. Architekt

Auf den ersten Blick mag es verwundern, daß wir dem Beruf des Architekten ein eigenes Kapitel widmen. Der einfache Grund dafür ist, daß dieser Beruf sich weder in das Kapitel über künstlerische Berufe noch in das vorhergehende Kapitel »Finanzen und Geschäfte« einordnen ließ. Der Beruf des Architekten, der bis vor wenigen Jahrzehnten noch als ausgesprochen künstlerischer Beruf galt, verlangt heute in immer stärkerem Maße Kenntnisse, die über den traditionellen Bereich der Architektur hinausgehen; denn der moderne Architekt muß auch etwas von der juristischen, administrativen, finanziellen und kommerziellen Seite des Immobiliengeschäfts verstehen.

Anders ausgedrückt: Der Architekt soll zwar im wesentlichen Künstler bleiben; doch Erfolg hat nur der Geschäftüchtige, und so muß er heutzutage auch ein guter Geschäftsmann sein, um seine Projekte rentabel zu gestalten und so leichter an das Geld der Unternehmer heranzukommen. Manche werden das bedauern; doch in der heutigen Zeit ist das nun mal so. Unsere Lebensgewohnheiten haben sich geändert, und die wirtschaftlichen und sozialen Beziehungen werden immer komplizierter.

Wir meinen also, der Architekt sollte zugleich mit einigen berufsspezifischen Fähigkeiten und Talenten auch Eigenschaften haben, die den guten Geschäftsmann

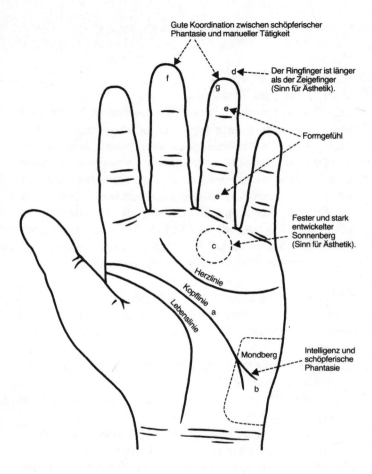

Abb. 57

Architekt

Auf den Seiten 146 bis 151 und Abb. 54 sind die chirologischen Merkmale für Geschäftstüchtigkeit angegeben.

auszeichnen. Es folgt eine Zusammenstellung der wichtigsten dafür in Frage kommenden chirologischen Zeichen:

1) Schöpferische Phantasie:
Wie wir schon mehrmals feststellen konnten, verrät eine lange, klar gezeichnete (nicht zu schmale und nicht zu breite) Kopflinie schöpferische Phantasie. Sie ist außerdem Symbol überdurchschnittlicher Intelligenz, die zweifellos jeder braucht, der Architektur studieren und später den Beruf des Architekten ausüben will. Diese Kopflinie fällt zum Mondberg ab (Bereich der Phantasie), der fest und gut entwickelt ist (Abb. 57 *a*). Endet die Kopflinie in einer kleine Gabelung (Abb. 57 *b*), so werden die Phantasiekräfte dadurch noch verstärkt.

2) Ästhetisches Empfinden, Formgefühl:
Dieser Sinn für Ästhetik sollte jedoch praktisch orientiert sein, der Architekt also folgende Zeichen in seiner Hand finden:
− Der Sonnenberg unter dem Ringfinger ist fest und stark entwickelt (Abb. 57 *c*).
− Der Ringfinger ist länger als der Zeigefinger (Abb. 57 *d*).
− Nagel- und Grundglied des Ringfingers sind gleich lang, doch beide sind jeweils länger als das Mittelglied. Dies verrät ein sicheres Gefühl für Formen und Linien (Abb. 57 *e*).

3) Die Fähigkeit, schöpferische Phantasie und manuelle Tätigkeit ständig miteinander zu koordinieren:
Symbol dafür ist ein Mittelfinger mit spatelförmigem

Nagelglied (Abb. 17 und 57 f); häufig ist auch das Zeigefingerende spatelförmig (Abb. 57 g; siehe auch Seite 151 und Abb. 55a).

4) Ein gewisser Geschäftssinn:
Der moderne Architekt sollte unbedingt Geschäftssinn haben. Das beginnt mit bestimmten Kenntnissen, die eigentlich nichts mit der Architektur selbst zu tun haben, jedoch der Verwirklichung des zunächst in der Phantasie, dann auf dem Reißbrett entworfenen Projekts förderlich sind, und reicht bis zur Fähigkeit, ein Architekturbüro wie ein großes Unternehmen aufzuziehen und zu leiten.
Es ist also ein günstiges Vorzeichen, wenn in der Hand jene chirologischen Merkmale zu finden sind, die den tüchtigen Geschäftsmann charakterisieren, vor allem die Symbole für Unabhängigkeitsliebe und Verantwortungsfreudigkeit, praktischen Sinn, Organisationstalent – und nicht zu vergessen: Glück in geschäftlichen Angelegenheiten (siehe Seite 146 ff.).

Wie bisher haben wir auch hier nur die Fähigkeiten bzw. Handzeichen genannt, die unserer Meinung nach für jeden Geschäftsmann, Kunst- und Antiquitätenhändler oder Architekten unentbehrlich sind. Darüber hinaus gibt es natürlich – je nach Position und persönlichen Umständen – eine Reihe von Eigenschaften, die ebenfalls für seinen beruflichen Erfolg förderlich sein können (vgl. dazu z. B. Seite 128 ff. und Abb. 49).

XVI. Manuelle Berufe

Die bisherigen Beobachtungen und Erkenntnisse der Chirologie reichen nicht aus, um auch im Bereich der manuellen Berufe ein allgemeingültiges Urteil abgeben zu können. Dies gilt speziell für zwei große Berufsgruppen:
1) Bestimmte Berufe, die nicht nur manuelle Geschicklichkeit, sondern auch – und vor allem – Intelligenz verlangen. Wir haben es im Verlauf dieser Untersuchung mehrfach mit solchen Berufen zu tun gehabt (z. B. dem Beruf des Malers, Bildhauers, Kunsthandwerkers, Chirurgen und so weiter) und haben gesehen, welche Kriterien zur Feststellung beruflicher Qualifikation herangezogen werden können und welche Grenzen dem Chirologen dabei gesetzt sind. Auf diese Berufe wollen wir nicht noch einmal zurückkommen.
2) Die große Zahl der manuellen Berufe, die praktisch keinerlei geistige Anforderungen stellen, weder besondere Kenntnisse noch lange Ausbildungszeiten voraussetzen, kurz Tätigkeiten, die im allgemeinen von angelernten Arbeitern verrichtet werden.
In diesem Bereich, dem Millionen Menschen angehören (Huxley spricht hier von den sogenannten »Gamma-Kräften« im Unterschied zur hochqualifizierten Führungsschicht, den »Alpha-Kräften«, und der Gruppe der mittleren Angestellten und Beamten, den »Beta-Kräften«), kann der Chirologe seine Schlüsse nur aus dem

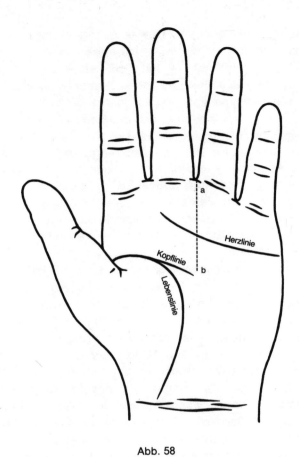

Abb. 58

Die »einfache« Hand

Fehlen anderer gültiger Beweise ziehen. Anders ausgedrückt: Wenn der Chirologe eine sogenannte »einfache Hand« zu begutachten hat, die einer Person mit schwach entwickelten und auch kaum entwicklungsfähigen Talenten und Fähigkeiten gehört, so geht er wohl nicht fehl in der Annahme, daß der Betreffende am ehesten geeignet ist, manuelle Tätigkeiten auszuführen, die weder besondere geistige Anstrengungen noch eine lange Ausbildung erfordern. Wir denken hier beispielsweise an Hilfsarbeiter, angelernte Fabrikarbeiter (auch solche, die am Fließband arbeiten), Transport- und Lagerarbeiter, Arbeiter der städtischen Straßenreinigung und Abfallbeseitigung, untere Verwaltungs- und Büroangestellte.

Aber was ist das eigentlich, eine »einfache Hand«? In dieser Hand sind nur die wichtigsten Lebensfunktionen symbolisiert, das heißt, nur Lebenslinie, Kopflinie und Herzlinie sind eingezeichnet (Abb. 58). Die Herzlinie ist meistens breit (Apathie), die Kopflinie reicht selten über eine zwischen Ring- und Mittelfinger gedachte Senkrechte hinaus (Abb. 58 *ab*). Im übrigen ist an der Form der Handberge, der Finger und des Papillargewebes nichts zu erkennen, was auf irgendeine besondere Befähigung schließen ließe. Eine weitere Bestätigung dieser Mittelmäßigkeit geben uns die häufig kleinen, eckigen, unschön geformten Nägel sowie das Mißverhältnis zwischen Hand- und Körpergröße: die Person hat nämlich auffallend große oder kleine Handflächen.

Das heißt nun etwa nicht, daß alle angelernten Arbeiter eine »einfache Hand« haben. Jeder weiß, daß viele von ihnen durchaus dazu befähigt sind, in der Hierarchie der Arbeitswelt aufzusteigen; und zum Glück erhalten wir

täglich viele Beweise dafür. Im übrigen könnte man dies auch leicht feststellen, würde man sich nur die Mühe machen, einen kurzen Blick in die Hand des Arbeiters zu werfen, ehe man ihm die primitivsten Arbeiten zuweist.
Nichtsdestoweniger haben Personen mit »einfacher Hand« wenig Chancen, ihr »Gamma-Los« abzuschütteln, selbst wenn die Bereitschaft vorhanden ist, sie dabei freundschaftlich zu unterstützen.
Bleibt die zahlenmäßig nicht zu unterschätzende und höchst interessante Kategorie derjenigen manuellen Berufe, die zwischen den beiden oben genannten Gruppen einzuordnen ist; also zwischen den Berufen, die zwar manuelle Tätigkeiten mitbedingen, doch in erster Linie geistig orientiert sind, und jenen Berufen, die in bezug auf Intelligenz und Ausbildung keine großen Anforderungen stellen, ja sogar – abgesehen von einigen leicht zu erlernenden Handgriffen – nicht einmal manuelles Geschick verlangen.
Wir meinen damit vor allem die große Gruppe der handwerklichen Berufe, die neben durchschnittlicher Intelligenz auch eine recht lange Lehrzeit voraussetzen: Mechaniker, Tischler, Klempner, Schlosser, Elektriker, Koch, Konditor, Friseur usw.
Die Chirologie hat hier – wie auch im Bereich der kunsthandwerklichen Berufe (siehe Seite 87 ff. und Abb. 35) – noch keine befriedigenden Kriterien gefunden, die eine genauere berufliche Differenzierung ermöglichen würden. Nur vergleichende Studien »an Hand« unzähliger Beobachtungen könnten hier Aussicht auf Erfolg bieten.
Freilich wäre das Ergebnis immer noch zweifelhaft. Viele

Handzeichen sagen nämlich nichts Eindeutiges über die berufliche Eignung aus; sie symbolisieren vielmehr höchst komplizierte und schwer aufzuhellende menschliche Reaktionen, die sicher über die rein berufliche Sphäre hinausgehen.

Die Chirologie kann jedoch voraussehen, ob ein Handwerkslehrling eventuell die Fähigkeiten und das Talent dazu hat, Kunsthandwerker zu werden oder sich innerhalb seines Berufs eine Spitzenposition zu erobern, also einmal Kunstschlosser, Starfriseur oder ein berühmter Küchenchef zu werden. Wir empfehlen dem Leser, sich hier an das zu halten, was wir in den Kapiteln VIII (siehe Seite 88 ff.), XI und XIII gesagt haben.

Das ändert nichts daran, daß der Chirologie im Bereich der traditionellen handwerklichen Berufe eine Differenzierung bisher kaum gelungen ist, ausgenommen jene Berufe, die eher den geistigen als manuellen Tätigkeiten zuzurechnen sind, und ausgenommen die große Gruppe der angelernten Arbeiter.

Hier stoßen wir auf eine Lücke, die vielleicht mit Hilfe systematischer Forschung geschlossen werden könnte. Eine derartige Forschung wäre sicher höchst spannend und im beruflichen und sozialen Bereich von großem Nutzen, könnte jedoch auch ergebnislos bleiben. Trotzdem werden wir den Versuch unternehmen, sobald wir genügend Zeit und die erforderlichen Mittel dazu haben.

XVII. Der Beruf der Hausfrau

Ehre, wem Ehre gebührt! Der edelste Beruf ist und bleibt der Beruf der Hausfrau. Doch mehr noch als der Mann ist die Frau ein geheimnisvolles, rätselhaftes Wesen von besonderer Eigenart. Daher die vielen verschiedenen Arten, die Rolle der Hausfrau und Mutter zu gestalten und mit Leben zu erfüllen. Und daher halten wir es für schlicht unmöglich, hier ein allgemeingültiges Berufsbild zu entwerfen.
Dennoch hat die chirologische Wissenschaft im Laufe der Jahrtausende bestimmte Kriterien entdecken können, die der Charakterisierung der Mutterrolle dienen und damit zugleich bestimmte hausfrauliche Eigenschaften symbolisieren.
Es handelt sich um folgende Eigenschaften und Handzeichen:

1) Familiensinn:
Ausgesprochenen Familiensinn verraten zwei chirologische Merkmale:
a) Der sogenannte *Familienring* (Abb. 59a): Dieser Ring ist eigentlich eine um die Daumenwurzel verlaufende Wellenlinie, die Daumen und Venusberg voneinander trennt. Ist diese Wellenlinie deutlich erkennbar und gut ausgebildet, so ist sich die Person (es kann durchaus auch ein Mann sein) ihrer familiären Pflichten in hohem Maße bewußt. Fehlt der Ring oder ist er nur

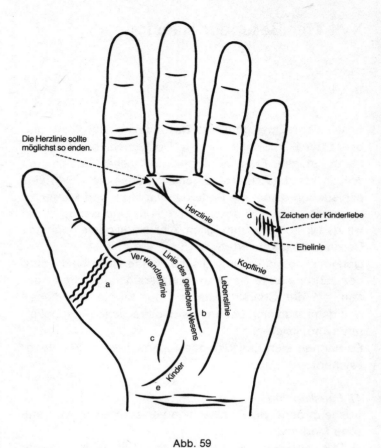

Abb. 59

Hausfrau (Abb. 59–63)

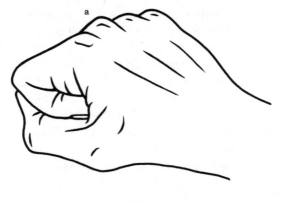

Abb. 60

schwach erkennbar, so werden diese Pflichten sträflich vernachlässigt.

b) Der Grundgelenkknöchel des Mittelfingers tritt stark hervor, wenn die Hand zur Faust geschlossen wird (Abb. 60 a). Dies bedeutet, daß Familie und Beruf absolut an erster Stelle stehen, wobei der Beruf ganz aus familiärer Sicht gesehen wird.

Familiensinn und Familienliebe symbolisieren ferner zwei Zeichen, die auf dem Venusberg eingezeichnet sind:

– Die *Linie des geliebten Wesens* (Abb. 59 b), die von der Lebenslinie ausgeht, dann jedoch getrennt weiterläuft und nach innen abbiegt. Diese Linie verrät die starke Zuneigung zu einem bestimmten Mitglied der Familie. Dies kann der Ehemann sein, doch auch

irgendein anderer naher Verwandter, ja nach Meinung der Englischen Schule (wen wundert es?) sogar ein besonders geliebtes Tier.
- Die *Verwandten-Linie* (Abb. 59 c). Sie beginnt zwischen Daumenwurzel und Lebenslinie und wendet sich der Mitte der Lebenslinie zu, ohne diese jedoch zu erreichen. Sie symbolisiert die starke Verbundenheit mit den engsten Familienangehörigen (Vater, Mutter, Geschwister, Ehemann usw.) und zeigt an, daß Ansichten und Ratschläge dieser Personen in höchstem Maße respektiert werden.

Natürlich hängt das häusliche Glück auch von der Person des geliebten Wesens bzw. den Familienangehörigen ab; und ebenso ist die Mutter abhängig sowohl von der Meinung als auch der Unterstützung ihres Mannes, um so mehr, wenn er selbst ihr »geliebtes Wesen« ist.

Praktischer Knoten

Abb. 62

2) *Kinderliebe:*
Mehrere Handzeichen geben darüber Aufschluß, ob jemand besondere Liebe zu Kindern empfindet. Diese Zeichen müssen nicht alle gleichzeitig vorhanden sein, verstärken sich jedoch gegenseitig in ihrer Bedeutung. Wir meinen folgende Zeichen:

a) *Parallele Linien von eventuell ungleicher Länge,* die mehr oder weniger senkrecht über der Ehelinie stehen (Abb. 59 d). Diese Linien verraten eine tiefe Liebe zu Kindern, vor allem zu den eigenen.

Doch Vorsicht! Wenn eine oder mehrere dieser Linien die Ehelinie durchschneiden und zur Herzlinie absteigen, so kann die Kinderliebe ausarten und die Ehe selbst gefährden.

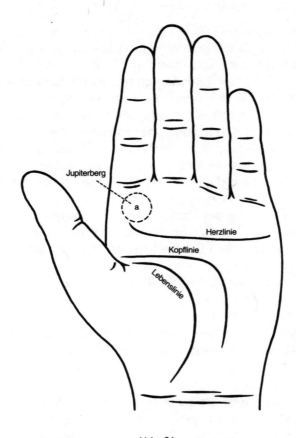

Abb. 61

b) Die *Kinderlinie* (Abb. 59 e). Diese Linie befindet sich im unteren Drittel des Venusberges und verläuft ungefähr parallel zur Daumenwurzel.
Sie ist häufig bei Personen zu finden, die sich sehr um ihre Kinder, um die Gesundheit der Kinder, ihre Studien und ihre Zukunft kümmern, ohne daß darin jedoch irgend etwas Krankhaftes oder Tadelnswertes zu sehen wäre. Sie sind im wahrsten Sinne des Wortes um ihre Kinder besorgt wie eine Glucke um ihre Jungen.
Verläuft jedoch die Herzlinie am Jupiterberg vorbei bis zum Rand des Zeigefingers, so ist das ein negatives Zeichen. Die Liebe der Mutter zu ihren Kindern kann dann nämlich stark besitzergreifenden Charakter annehmen, und alle möglichen Schwierigkeiten und unangenehmen Folgen sind zu erwarten (Abb. 61 a).
Wir erinnern daran, daß die Neigung des kleinen Fingers zum Ringfinger und Längslinien auf dem Grundglied des Zeigefingers die Bereitschaft symbolisieren, selbstlos für andere Menschen – nicht nur unbedingt für die eigenen Kinder – zu sorgen (vgl. Seite 76).

3) Hausfrauliches Talent:
Liebe zum Heim als äußerem Rahmen des Familienlebens sowie die Fähigkeit, den Haushalt gut zu führen und für ein behagliches Zuhause zu sorgen, wird durch folgende chirologischen Zeichen angedeutet:
a) Die Hände nähern sich der quadratischen Form (Abb. 4). Die Chirologen sprechen hier auch von der sogenannten *praktischen Hand*, weil Personen mit nahezu viereckigen Händen sehr vernünftige und im täglichen Leben höchst gewissenhafte Leute sind. Ist die Hand im Verhältnis zur Person selbst außerdem noch

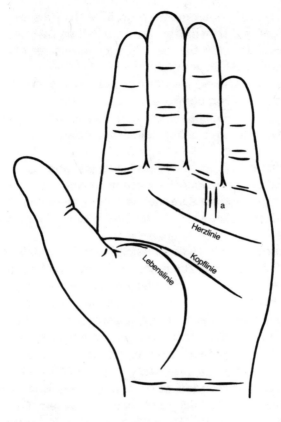

Abb. 63

ziemlich groß, doch nicht zu groß, so ist dies ein noch günstigeres Zeichen. Die Hausfrau läßt es dann nämlich im Haushalt und bei der Ausgestaltung des Heims bestimmt nicht an Sorgfalt fehlen.

Dagegen interessieren sich Frauen mit langen Händen und langen, vorzugsweise spitzen Fingern (Abb. 15) kaum für den Haushalt und die häuslichen Aufgaben und Pflichten und sind daher keine besonders guten Hausfrauen.

Wir erinnern daran, daß eine Hand als lang bezeichnet wird, wenn die Handfläche wesentlich länger als breit ist; von langen Fingern sprechen wir dann, wenn ihre durchschnittliche Länge 85% der Handflächenlänge übertrifft.

Frauen mit langen Händen neigen in hohem Maße dazu, ihren Träumen nachzuhängen und den Haushalt zu vernachlässigen. Ja im Extremfall neigen sie zu Verschwendungssucht. Natürlich aber gibt es zwischen diesen beiden Extremen – der Frau mit quadratischer und mit langer Hand – noch Platz für alle möglichen anderen Typen: von der vorbildlichen Hausfrau bis zur Schlampe!

b) Der sogenannte *praktische Knoten* (Abb. 62a), der gleichzeitig vorhanden sein sollte. Dieser Knoten liegt zwischen dem Gelenk (und nicht an diesem Gelenk!), das Grundglied und Mittelglied miteinander verbindet, und der Fingerspitze.

Wer diese beiden Zeichen besitzt, hat (im wörtlichen Sinne) eine »gute Hand« für alles, was mit dem häuslichen Herde zu tun hat.

Hier noch ein amüsantes Zeichen, das die Chirologen verschiedener Schulen übereinstimmend entdeckt haben: Wenn Sie, verehrte Leserin, in Ihrer Hand drei parallele Linien über der Herzlinie erkennen können, die in Richtung des Ringfingers oder des Sonnenbergs verlaufen, so seien Sie ganz unbesorgt: Niemals wird es Ihnen dann an Geld fehlen, selbst wenn es am Monatsende manchmal etwas knapp zugehen sollte (Abb. 63 *a*).

Zusammenfassung

Die Möglichkeiten der Chirologie, berufliche Qualifikationen festzustellen, sind noch begrenzt; doch ist die chirologische Wissenschaft nicht unvollkommener als andere Disziplinen, die zu diesem Zweck herangezogen und seit langem anerkannt und geachtet werden.
Zwar ist eine genaue Differenzierung aller Berufe mit Hilfe chirologischer Kriterien nicht möglich; viele – vor allem die manuellen Berufe – sind im Moment für den Chirologen noch nicht faßbar. Bei bestimmten Berufen sind der Chirologie schon sehr detaillierte Angaben möglich, andere wiederum konnten bisher noch nicht enträtselt werden.
Doch bei der Erforschung beruflicher Eignung bietet uns die Chirologie die Basis für eine erste Annäherung und kann als ein Spiel betrachtet werden, das sich beliebig weiterentwickeln läßt. Dabei sollte man allerdings nicht versäumen, die chirologischen Analysen und Resultate mit den Ergebnissen anderer Disziplinen wie z. B. der Psychologie, der Graphologie und mit speziellen Berufseignungstests zu vergleichen, um so zu einer definitiven beruflichen Orientierung zu gelangen.
Wir würden uns glücklich schätzen, wenn die Lektüre dieses Buches unseren Lesern helfen könnte, die eigenen, tief im Unbewußten schlummernden Talente zu entdecken, oder aber sie davor bewahrte, einen für sie ungeeigneten Beruf zu ergreifen.

Und wir wären nicht weniger glücklich, wenn dieses Buch auch Interesse am Beruf des auf Charakterkunde und Berufsberatung spezialisierten Chirologen geweckt hätte. Denn das ist sicher ein noch wenig überlaufener Beruf mit Zukunft.

Literaturverzeichnis

1. Deutsch

Issberner-Haldane, Ernst: Die wissenschaftliche Handlesekunst – Chirosophie, 12. Aufl., Freiburg 1978
Kurth, Hanns: Die Zukunft Ihres Kindes, Genf 1974
Lawrence, Myrah: Handanalyse, 3. Aufl., Genf 1969
Mangoldt, Ursula (Hrsg.): Das große Buch der Hand, München 1978
Wolff, Charlotte: Die Hand des Menschen, München 1973

2. Englisch

Bashir, Mir: How to read hands, London 1955
Benham, William G.: Laws of Scientific Palmistry, Duell, Des Moines (Iowa) 1946
Cheiro: Cheiro's language of the hand, 27. Aufl., New York 1963
Hutchinson, Beryl B.: Your life in your hands, London 1967
Napier, John: Hands, London 1980

3. Französisch

d'Arpentigny, Comte C. S.: La chirognomonie ou l'art de connaître les tendences de l'intelligence d'après les formes de la main, Paris 1863
Desbarolles, Adrien A.: Mystères de la main. Révélations complètes, Paris, o. J.
Butler, René: Les lignes de la main en s'amusant, Paris 1973
Papus, Gérard Encausse: Comment on lit dans les mains, Paris, o. J.

Register

A

Abenteuerberufe 42
Abteilungsleiter 123
Ackerbauer 36
Akrobat 54
Angestellter 124
Antiquitätenhändler 154 f., 159
Anwalt 60, 62
Arbeiter 160, 162 f.
Archäologe 84
Architekt 102, 151, 156, 159 f.
Artist 54
Arzt 63, 68 ff., 75, 104
Ausbilder 134

B

Bankier 146, 150
Baumschulgärtner 37 f.
Beamter 122, 124, 126
beratende Berufe 56
Berater, juristischer 58 ff.
Berufssoldat s. Soldat
Berufssportler 54
Bewährungshelfer 60
Bildhauer 88 f., 91
Biologe 97, 104
Börsenmakler 150
Bühnenberufe 140
Bühnenkünstler 140
Büroangestellter 122, 162
Bürobeamter 122
Büroberufe 122 ff.

C

Chemiker 97, 104
Chirurg 68, 71, 75
Conférencier 143

D

Dekorateur 91
Denkknoten 129
Designer 91
Detektiv 101, 107
Devisenhändler 150
Diakon 108
Diakonisse 113
Diplomat 132 f.
Dirigent 145
Dompteur 41

E

Ehelinie 76
einfache Hand 162 f.

Einflußlinie 121
Elektriker 163
Erfinder 97
Erzieher 134, 138

F

Fabrikarbeiter 162
Fachlehrer 138
Fachschullehrer 134
Familienring 165
Feldforscher 52
Filmschauspieler 140
Fleischer 152
Flieger 47
Florist 38
Forscher 97, 99, 101, 104 f.
Forschungsberufe 52, 97, 104
Forschungsreisender 52
Förster 36
Friseur 163
Führungskraft 128, 131

G

Gartenarchitekt 38
Gartenbauberater 38
Gärtner 37 f.
Gastwirt 152
Gebrauchsgraphiker 89
geduldiger Daumen 107
geistliche Berufe 108

Geistlicher 110, 116
Gemeindepfarrer 110
Gemeindeschwester 77
Gemüsegärtner 37 f.
Genealoge 84
Geologe 52
geometrischer Sinn 102, 105, 136
Gesangslehrer 137
Gesangssolist 145
Geschäftslinie 151
Geschäftsmann 146, 148 f., 151, 156 f.
Graphiker 89
Großtierzüchter 41
grüne Hand 37
grüner Daumen 36
Gymnasiallehrer 134
Gymnastiklehrer 137

H

Handelsvertreter 44
Händler 146
Handwerker 163 f.
Hauptschullehrer 134
Hausfrau 165, 172 f.
Heilberufe 63
Heilkundiger 68
Heilpraktiker 68, 75
Heilstigmata 63, 68 f., 71, 76 f., 104

Hilfsarbeiter 162
Historiker 79, 84
Hochschullehrer 134
Holzfäller 36
Homöopath 75

I

Ingenieur 101 f., 105, 107
Intuitionslinie 59, 69, 71, 101, 111 f., 122, 132

J

Jäger 52
Journalist 48, 52
Jurist 60
Justitiar 60

K

Kaufmann 146
Keramiker 87
Kinderarzt 75
Kindergärtner 138
Kinderlinien 77, 170
Klavierlehrer 137
Kleintierzüchter 41
Klempner 163

Koch 163
Komiker 143
Konditor 163
Konstrukteur 102
Konzertmeister 145
Krankenpfleger 76 f.
Krankenschwester 76 f.
Küchenchef 164
Kunstglaser 87
Kunsthändler 154 f., 159
Kunsthandwerker 87 ff., 91, 164
Künstler 95 f.
künstlerische Berufe 78, 87, 89
Kunstschlosser 164
Kunstschmied 87
Kursleiter 134

L

Lagerarbeiter 162
Laienprediger 117
Landschaftsarchitekt 38
Landschaftsgärtner 38
Landwirt 36 f.
landwirtschaftliche Berufe 32
Lebensmittelhändler 152
Lehrer 134, 136 f.
Lehrer-Viereck 134, 136, 138

*Linie des geliebten
   Wesens* 168
literarische Berufe 78 f.

M

Maler 88, 91
Manager 131 f.
manuelle Berufe 160
Mathematiker 104
Mechaniker 163
Mediziner 97, 104
Meister 134
Missionar 108
Modeschöpfer 91
Mönch 113, 115
Müllmann 162
Musiker 144
Musiker-Dreieck 144

N

Naturheilkundiger 75
Naturwissenschaftler 102
Nonne 113, 115
Notar 60

O

Obst- und Gemüsegärtner
   37 f.
Opernsänger 145

Ordensgeistlicher 108, 113
Ordensschwester 113

P

Pädagoge 138 f.
pädagogische Berufe 134
Pfarrer 77, 108, 110, 116
Pflegeberufe 63
Pharmakologe 97, 104
philosophischer Knoten
   127, 129
Physiker 97, 104
Politiker 118, 120 f.
Polizist 127 f.
praktische Hand 58, 172
praktischer Knoten 102,
   105, 107, 136, 173
Prediger 117 f.
Public-Relations-Berufe
   58, 112

R

Rechtsanwalt 60
Rechtsberater 60
Rechtspfleger 60
Regisseur 143 f.
Reiseberufe 42
Reiseleiter 44
Reitlehrer 137
Religionslehrer 108, 117
Rennfahrer 54

Reporter 48
Richter 60
Risikoberufe 42, 54, 128

S

Sachbuchautor 79 f.
Salomonsgürtel s. Salomonsring
Salomonsring 115 f.
Sammler 155
Sänger 145
Säuglingsschwester 77
Schauspieler 140, 142 f.
Schlagersänger 140
Schlosser 163
Schriftsteller 79 f., 84, 95 f.
Schwimmlehrer 137
Seemann 47
Sekretärin 123
Showmaster 143
Soldat 127 f.
Sozialhelfer 77
Staatsanwalt 60
Staatsbeamter 131
Starfriseur 164
Straßenreiniger 162
Stuntman 54

T

Tanzlehrer 137
Tautropfen 89, 92, 144

technischer Zeichner 151
Teppichknüpfer 87
Tierarzt 68, 77
Tierzüchter 41
Tischler 163
Töpfer 87
Töpferdaumen 88, 91, 107
Transportarbeiter 162

U

Unternehmensleiter 131

V

Venusgürtel 95, 142
Vertreter 44
Verwaltungsangestellter 162
Verwandten-Linie 168
Visagist 89
Völkerkundler 52

W

Weltgeistlicher 108, 111 f., 116
Winzer 36
Wirtschaftsanwalt 60
Wissenschaftler 102
wissenschaftliche Berufe 97

Anton Stangl

Verkaufen muß man können
2., neubearbeitete Auflage
128 Seiten, Pappband

»Knapp und übersichtlich wird das geistige Handwerkszeug für die tägliche Arbeit des Präsentierens und Verkaufens geboten.«
Der Betrieb

Führen muß man können
Überarbeitete und erweiterte Neuausgabe
128 Seiten, Pappband

Die Sprache des Körpers
Menschenkenntnis für Alltag und Beruf
136 Seiten, Pappband

»Ein wohlfundierter ausdrucks-psychologischer Ratgeber, mit dem auch der Nichtfachmann arbeiten kann.«
Passauer Neue Presse

ECON Verlag, Postfach 9229, 4000 Düsseldorf 1

ECON-Ratgeber für den Schreibtisch

Rolf W. Schirm
Kürzer, knapper, präziser
Der neue Mitteilungsstil moderner Führungskräfte
112 Seiten, Pappband

»Ein Lehr- und Trainingsbuch für brillante Information. Wer sich für Schirms Buch nicht die Zeit nimmt, wird immer zu wenig Zeit haben.«
Hamburger Abendblatt

Frank J. Walther
Klarer, schneller, rationeller
Der neue Arbeitsstil moderner Sachbearbeiter und Korrespondenten
128 Seiten, Pappband

Wolfgang Zielke
Informiert sein ist alles
Die Papierflut sinnvoll nutzen
184 Seiten, zahlreiche schematische Darstellungen, Pappband

Bruno Neckermann
Die gute Aussprache
Ein Übungsbuch für Sprachtechnik und Phonetik
106 Seiten, Pappband

ECON Verlag, Postfach 9229, 4000 Düsseldorf 1

Für Ausbildung, Beruf und Weiterbildung

Günther Beyer
Creatives Lernen
Das Trainingsprogramm für Creativität, Konzentration und Gedächtnis
256 Seiten, zahlreiche Abbildungen, Pappband

Dr. A. Bierach
Mentales Training
Neue Lern- und Lebenserfolge durch vertiefte Entspannung
120 Seiten, Pappband

»In einem ausführlichen Übungsteil gibt der Ratgeber praktische Hinweise, wie man rascher Fremdsprachen oder auch Naturwissenschaften und Geschichte erlernen sowie Lampenfieber und Prüfungsängste überwinden kann.«
Fuldaer Zeitung

Gerald Knabe
Schneller lernen
Wie kann ich Wesentliches erkennen, Klarheit gewinnen und nur entscheidend Neues aufnehmen und behalten
Völlig überarbeitete und erweiterte Neuauflage
228 Seiten, Pappband

Paul Raphael
Nichts vergessen!
Der erfolgreiche Weg zum guten Gedächtnis
307 Seiten, kartoniert

ECON Verlag, Postfach 9229, 4000 Düsseldorf 1